高等职业教育教材

药品市场营销

李丽杰 石忠波 主编

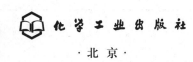

·北京·

内 容 简 介

《药品市场营销》以培养学生药品市场营销能力为目标，由理论认知、技能训练和综合实践三个模块构成，模块内容层层递进。以真实企业案例为依据，结合市场营销人才需求整合教材内容，共分为八个典型项目。通过"知识导图"梳理项目知识点，"牛刀小试"检验学习效果，并添加形式丰富的二维码资源，使教材内容立体化、多样化。

本书可作为高等职业院校药品经营与管理专业及药学类（药学、中药学、药品生物技术、药品质量与安全等）相关专业的教材。

图书在版编目（CIP）数据

药品市场营销 / 李丽杰，石忠波主编. -- 北京：化学工业出版社，2025.4. -- ISBN 978-7-122-47264-9

Ⅰ．F724.73

中国国家版本馆CIP数据核字第2025TJ2459号

责任编辑：王　芳　蔡洪伟　　文字编辑：李　双　刘　璐　谢晓馨
责任校对：王鹏飞　　　　　　装帧设计：关　飞

出版发行：化学工业出版社
　　　　（北京市东城区青年湖南街13号　邮政编码100011）
印　　装：北京云浩印刷有限责任公司
787mm×1092mm　1/16　印张10½　字数236千字
2025年6月北京第1版第1次印刷

购书咨询：010-64518888　　　　　售后服务：010-64518899
网　　址：http://www.cip.com.cn
凡购买本书，如有缺损质量问题，本社销售中心负责调换。

定　　价：35.00元　　　　　　　　　　版权所有　违者必究

编写人员名单

主　　编　李丽杰　石忠波

副 主 编　李　波　邱召法

参编人员（按姓氏笔画排序）

　　　　王　芳（济南护理职业学院）

　　　　田　真（山东药品食品职业学院）

　　　　乔子安（青岛工程职业学院）

　　　　刘　琦（漱玉平民大药房连锁股份有限公司）

　　　　刘相晨（漱玉平民大药房连锁股份有限公司）

　　　　苏　琴（漱玉平民大药房连锁股份有限公司）

　　　　杨　程（菏泽医学专科学校）

　　　　位　强（青岛医保城药品连锁有限公司）

　　　　范明泉（青岛医保城药品连锁有限公司）

前言

近年来，有关职业教育系列重大政策的陆续出台，标志着国家对职业教育教材建设的重视程度进入了前所未有的新高度。2019年1月，国务院印发《国家职业教育改革实施方案》（国发〔2019〕4号）指出，遴选认定一大批职业教育在线精品课程，建设一大批校企"双元"合作开发的国家规划教材。2020年9月，教育部等九部门印发《职业教育提质培优行动计划（2020—2023年）》指出，加强职业教育教材建设，对接主流生产技术，注重吸收行业发展的新知识、新技术、新工艺、新方法，校企合作开发专业课教材。

党的二十大报告指出，我们要办好人民满意的教育，全面贯彻党的教育方针，落实立德树人根本任务，培养德智体美劳全面发展的社会主义建设者和接班人。本教材旨在培养学生严谨细致、团结协作、实事求是、一丝不苟的营销职业素养，培养学生人民健康至上、生命至上的职业意识，使学生将自我发展融入中华民族伟大复兴的实践中。

本书主要有以下特点：

① 理论联系实际，倡导案例教学。将药品市场营销调研技术、营销策略等理论知识与实际工作过程相结合，使学生由浅入深、循序渐进地掌握课程专业知识。通过丰富多彩的企业真实案例的生动呈现，为学生创造真实情境，把教材的观点、结论融在案例中，引领学生主动探索、合作学习，从而增强学生的岗位工作能力。

② 以就业为导向，培养职业能力。落实到药品相关专业，融入企业中的真实工作内容，对相关岗位从业人员的工作任务和职业能力进行具体描述，设定职业能力培养目标。根据职业能力培养目标设计任务引领课程，使学生在完成任务的过程中，逐渐展开对专业知识、技能的理解和应用，培养学生的综合职业能力。

③ 融入课程思政，推动思政育人。本书通过知识目标、技能目标、素养目标三维学习目标的构建和"素养园地"的设置，系统体现课程思政理念。

④ 融合教学配套资源（PPT、微课等），使教材立体化、生动化，便于教师教学和学生学习。

为了更好地深入贯彻落实相关文件要求，《药品市场营销》教材编写组特成立了校企合作双元开发团队，由药品营销专业教师、药品连锁行业营销总监及经验丰富的药店店长组成。具体编写分工为：模块一项目一由邱召法、范明泉编写；模块一项目二由田真、苏琴编写；模块二项目三由李丽杰、位强编写；模块二项目四由石忠波、苏琴编写；模块二项目五由杨程、范明泉编写；模块二项目六由李波、位强编写；模块三项目七由王芳、刘琦编写；模块三项目八由乔子安、刘琦编写；李丽杰、石忠波负责全书的统稿工作。

由于编者水平有限，若书中有不当之处敬请各位读者批评指正。

编 者

2024年5月

目录

模块一　药品市场营销理论认知　/ 1

项目一　市场营销导论　/ 2
 单元一　明确市场营销的定义及相关概念　/ 2
  一、市场营销概述　/ 3
  二、市场营销的相关概念　/ 4
 单元二　领会市场营销理论发展　/ 8
  一、绿色营销　/ 9
  二、网络营销　/ 9
  三、整合营销　/ 10
  四、关系营销　/ 11
 单元实训　查找市场营销最新成果　/ 13

项目二　认知药品市场与药品市场营销　/ 15
 单元一　明晰药品市场的含义与类型　/ 15
  一、药品市场的含义及特点　/ 17
  二、药品市场的类型　/ 18
 单元二　塑造药品市场营销观念　/ 21
  一、传统营销观念　/ 23
  二、现代营销观念　/ 23
  三、营销观念新发展　/ 25
 单元实训　分析医药市场营销岗位及职业能力　/ 33

模块二　药品市场营销技能训练　/ 35

项目三　掌握药品市场调研技术　/ 36
 单元一　设计药品市场调研方案　/ 36
  一、确定调研目的　/ 37
  二、明确调研方法　/ 37
  三、部署调研人员　/ 38
  四、安排调研进度　/ 39
  五、编制调研费用预算　/ 39
 单元二　撰写市场调研报告　/ 41
  一、市场调研报告的结构　/ 42
  二、市场调研报告的撰写流程　/ 43
 单元实训　我国感冒药市场营销环境调查　/ 46

项目四　学会分析药品市场购买行为　/ 48
 单元一　分析药品消费者购买行为　/ 48
  一、影响药品消费者购买行为的因素　/ 49
  二、药品消费者购买行为分析　/ 53
 单元二　分析药品零售企业采购行为　/ 56
  一、药品零售企业购买模式　/ 57
  二、药品零售企业采购特点　/ 58
  三、药品零售企业采购行为的影响因素　/ 59
 单元三　分析药品批发企业采购行为　/ 61
  一、药品批发企业购买模式　/ 62
  二、药品批发企业采购特点　/ 62
 单元实训　分析消费者药品购买行为　/ 67

项目五　制定药品营销策略　/ 69
 单元一　设计药品促销方案　/ 69
  一、医药产品促销策略概述　/ 70
  二、医药产品人员推销策略　/ 73
 单元二　选择药品分销渠道　/ 79
  一、药品分销渠道概述　/ 80
  二、药品分销渠道的设计　/ 83
 单元实训　制订促销活动计划　/ 93

项目六　分析药品市场营销环境　/ 95
 单元一　药品市场宏观营销环境分析　/ 95
  一、人口环境　/ 96
  二、经济环境　/ 98
  三、自然环境　/ 99
  四、科学技术环境　/ 101
  五、政治法律环境　/ 101
  六、社会文化环境　/ 102
 单元二　药品市场微观营销环境分析　/ 105
  一、顾客　/ 106
  二、供应商　/ 107

三、竞争者 / 108
　　四、社会公众 / 109
　　五、药品企业内部环境 / 110

单元实训　利用SWOT模型分析大型连锁药店的优劣势 / 114

模块三　药品市场营销综合实践 / 116

项目七　药店店员职业能力实践 / 117
　单元一　问病荐药 / 117
　　一、常见疾病种类 / 118
　　二、问病荐药策略 / 125
　单元二　药品陈列 / 135
　　一、药店商品陈列概述 / 136
　　二、GSP要求 / 137
　　三、药店商品陈列原则 / 139
　单元实训　药品分类陈列 / 144

项目八　医药电商职业能力实践 / 146
　单元一　医药电商文案写作 / 146
　　一、认识医药电商文案 / 147
　　二、医药电商文案写作技巧 / 149
　　三、医药电商文案推广应用 / 151
　单元二　医药电商爆款产品打造策略 / 153
　　一、爆款产品的定义与重要性 / 154
　　二、爆款产品的特点 / 156
　　三、爆款产品打造策略 / 156
　单元实训　撰写医药电商文案 / 160

参考文献 / 162

模块一

药品市场营销理论认知

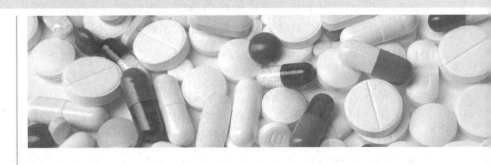

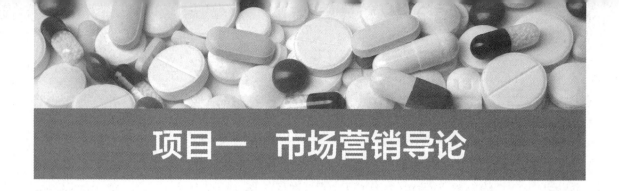

项目一　市场营销导论

单元一　明确市场营销的定义及相关概念

【知识目标】

- 能正确理解市场营销的含义。
- 能熟练掌握市场营销的相关概念。

【技能目标】

- 能准确识别生活中的市场营销概念。
- 能判断是哪些具体因素影响市场营销活动。

【素养目标】

- 培养严谨细致的药品市场营销职业作风。
- 树立科学消费观念，培养市场营销思维。

 知识导图

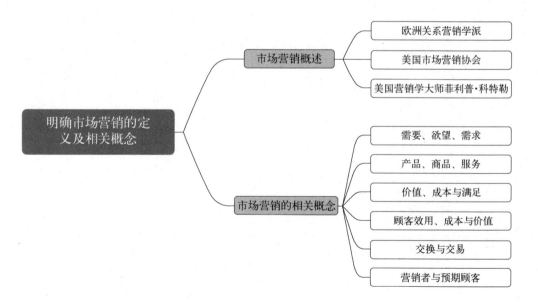

课前案例导学

市场在哪里

英国的一家制鞋企业派一位销售人员到非洲的一个小岛考察市场。一个星期后，销售人员发回电报："岛上居民从来没有穿鞋的习惯，此地没有市场。"后来这个企业又派了一位营销人员去考察市场，一星期后营销人员也发回电报："我发现了一个新的市场！岛上居民人数很多，从来没有穿鞋的习惯，如果我们能教会他们穿鞋，这里将是一个巨大的市场！"最后，企业再派了一位营销人员访问该岛，该营销人员考察之后发回电报说："岛上盛产香蕉，我们可以通过收购当地产的香蕉，使居民有钱购买我们的鞋。"这个故事告诉我们，市场营销人员的第一个任务就是找到市场。

知识学习

一、市场营销概述

市场营销，又称为市场学、市场行销或行销学，工商管理硕士（MBA）、高级管理人员工商管理硕士（EMBA）等的经典工商管理课程均将市场营销作为对管理者进行管理和教育的重要模块。在不同的历史时期，不同学者从不同角度对市场营销做出了不同的定义。

欧洲关系营销学派代表克里斯汀·格罗鲁斯1990年从关系角度提出：市场营销是在一种利益之下，通过相互交换和承诺，建立、维持、巩固与消费者及其他参与者的关系，实现各方目的。

美国市场营销协会在2008年对市场营销提出的定义为："市场营销既是一种组织职能，也是为了组织自身及利益相关者的利益而创造、传播、交付客户价值和管理客户关系的一系列过程。"

目前，学术界比较认可美国营销学大师菲利普·科特勒对市场营销的定义，即"市场营销是个人和群体通过创造并同他人交换产品和价值，以满足需求和欲望的一种社会管理过程"。

【素养园地】

随着健康理念深入人心，安全性更高的化妆品颇受爱美人士的欢迎。一些化妆品生产企业在生产化妆品时使用了某些可用于生产"食品"的原料。因此，一些商家就借机称这样的化妆品为"食品级"化妆品，以表示其销售的化妆品更安全，特别是暗示家长，把这样的化妆品给儿童使用更安全，儿童即使吃了都没风险。

事实上，化妆品和食品是两种不同类别的产品，依据不同的法规规定，适用不同的产品标准、原料要求、生产条件等，根本不存在所谓的"食品级"化妆品。化妆品

> 不是为食用而设计的产品。在化妆品的日常使用中,如偶尔少量从口唇部摄入化妆品,例如口红、唇膏被舔食入口,也不必过于担心,因为这种摄入量较小,仍在安全容许的范围内。但如果儿童把化妆品误当作食品,主动大量摄入,则可能导致健康风险,如果出现不适症状,还应及时就医。
>
> 根据《化妆品监督管理条例》,化妆品标签禁止标注"虚假或者引人误解的内容"。化妆品标签宣称"食品级""可食用"等,违反了化妆品标签管理的法规规定,应予禁止。

二、市场营销的相关概念

1. 需要、欲望、需求

需要、欲望和需求是市场营销学最基本的概念,它们之间是相互联系的,是市场营销存在的基础,是现代市场营销思想的基本出发点。

(1)需要　需要是指没有得到某些满足的感受状态。需要是抽象的概念,马斯洛将其概括为生理的需要、安全的需要、社交的需要、尊重的需要和自我实现的需要。人的需要可以从多层次多角度来理解,各种生理和心理的状态如果不能达到或还没有满足,人们就会产生相应的需要。

(2)欲望　欲望是指人们受不同文化、社会环境和个性影响所表现出来的特定需要形式。需要是相对稳定的,在较长的时间里会有一种或少数几种需要是人们的主要需要;而欲望则是多变的,人们会经常在多种欲望之间选择。例如,人们需要食物,从而产生购买馒头、面包、汉堡等的欲望;人们需要健康,从而产生购买药品和医疗服务的欲望等。市场营销者不能创造需要,但可以引导欲望。

(3)需求　需求是指对有能力购买的某个具体产品的欲望。当有欲望的人具有购买能力时,其欲望便转化为需求。在这里购买能力是一个条件,一个产生质变的关键因素。有欲望而没有购买力或者反之,就称为没有需求。但应注意的是,现在没有需求,并不等于将来没有需求。在市场营销中,我们把暂时没有购买力或购买欲望不强的情况,称为潜在需求。随着购买力和购买欲望的提高,潜在需求会逐渐转变为(有效)需求。

> 【课堂活动】
> 　　分组讨论:你认为营销是创造需要还是满足需要?

2. 产品、商品、服务

(1)产品　产品是任何可以用来满足人类某种需要或者欲望的东西。商家靠其产品作为满足物来满足人们的需要。商家提供的东西可能是一种工具,买家通过对工具的使用来完成对其需要的满足;也可能是一种活动,通过活动的成果来满足顾客。

(2)商品　习惯上人们把可以满足需要和欲望的实体的、具有某些物理形态的东西称为商品。

(3)服务　通过人与物品的互动行为来满足人们需要和欲望的活动称为服务。

商品和服务通常可以产生同样的结果来满足人们的需要。比如一个人可以买一辆车来实现从一地到达另一地，也可以打一辆车实现同样的目的。就位移这一目的而言，其区别在于物品的所有权归属和人员的参与度以及方式。在现实生活中，人们接触到的大多数产品是商品和服务的混合体，只是其中所占的比重有所差别。

3. 价值、成本与满足

人们是否购买产品不仅取决于产品的效用，同时也取决于人们获得这效用的代价。人们在获得使其需要得以满足的产品效用的同时，必须支付相应的费用，这是市场交换的基本规律，也是必要的限制条件。

（1）**价值** 产品价值也称产品效用，是消费者的主观感受，由顾客需要决定，购买行为上显示出极强的个性特点和明显的需求差异性。价值是顾客选购产品的首要因素。

（2）**成本** 成本也称费用，是消费者在购买产品过程中可能需要付出的所有成本，包括资金、时间、体力和精力等。

市场交换能否顺利实现，往往取决于人们对效用和成本的比较。如果人们认为产品的效用大于其支付的成本，再贵的商品也愿意购买；相反，如果人们认为成本大于效用，再便宜的东西也不会要，这就是人们在交换活动中的价值观。市场经济的客观规律告诉我们，人们只会去购买有价值的东西，并根据效用和代价的比较来认识价值的实现程度。

（3）**满足** 人们在以适当的成本获得了适当的效用的情况下，才会有真正的满足；而当感到以较小的成本获得了较大的效用时，则会十分满意；而只有在交易中感到满意的顾客才能成为企业的忠实顾客。所以企业不仅要为顾客提供产品，更必须使顾客感到在交换中价值的实现程度比较高，这样才可能促使市场交易顺利实现，才可能建立企业的稳定市场。

4. 顾客效用、成本与价值

（1）**顾客效用** 顾客效用是顾客对能满足其需要与欲望的某种标的的有效性主观综合评价。例如，赵某是一名医生，月薪 5000 多元，居住地与工作地点有十几公里，最近他一直在考虑上下班的交通工具问题。他可以选择骑自行车、乘公共汽车、打出租车或自己开车等，同时他也在考虑方便性、快捷性、舒适性，最后他认为自己开车的效用最大。

（2）**顾客成本** 人们总是希望获得效用最大的产品，但常常是效用越大，成本越高。顾客成本，即顾客为获得某种效用而必需的支出，它包括顾客为获得某种产品要付出的货币成本、时间成本、体力成本和精神成本。

货币成本，即以货币表示的产品价格。

时间成本，即顾客为获得某种产品（的效用）所要付出的时间。在现代社会，人们对时间价值看得越来越重。例如，便民药店建在靠近居民区的地点，就是要减少顾客的时间成本。

体力成本，即顾客为获得某种产品所要付出的体力。大件或大批商品主动送货到家，既节省了顾客的运输费用，也节省了顾客的体力成本和时间成本。

精神成本，指的是顾客为购买消费或使用某种产品而在精神上的付出。

（3）顾客价值　人们在选择产品时，既要考虑产品的效用，又要将其效用同为获得此效用所要支付的成本相比较，最后做出选择。顾客价值即顾客效用与顾客成本的比较。它可以表示为 V＝U/C（V 为顾客价值，U 为顾客效用，C 为顾客成本）。也就是说，顾客成本越小，顾客效用越高，顾客价值就越大。顾客价值越大，说明顾客的满意程度越高，就越容易作出对这个产品的购买决定。

5. 交换与交易

（1）交换　提供某种东西作为回报而与他人换取所需要的东西的行为。只有通过交换，营销活动才会真正发生。它需要五个条件：至少有两方参加；双方都拥有一些对方认为有价值的东西；双方都希望与对方做交易；双方都可以自由接受或拒绝对方所提供的东西；双方都有能力进行沟通和运送彼此所需的东西。

（2）交易　在市场营销学中，我们把交换看作是一个过程而不是一个事件。如果经过磋商而达成协议，我们就说发生了交易行为。交易是交换的一个组成部分。一项交易至少要涉及如下内容：两件以上有价值的事物，双方同意的条件、时间和地点，以及必需的法律条款。

6. 营销者与预期顾客

市场营销是一种积极的市场交易活动。在交易中，一方是市场营销者，另一方是营销者的目标市场（预期顾客）。

传统的市场营销理论认为，在市场交易中，营销者往往是主动的、积极的，而相对被动的一方则是营销者的目标市场。可是，现代市场交易实践却表明，顾客变得越来越主动，尤其进入电子商务时代，消费者可以直接通过网络对所需商品款式、价格、功能等提出要求，并在网上进行讨价还价。

知识拓展

4P 理论

4P 理论随着营销组合理论的提出而出现。杰罗姆·麦卡锡（Jerome Mccarthy）在其《基础营销》（Basic Marketing）一书中将营销要素概括为产品（Product）、价格（Price）、渠道（Place）、促销（Promotion）4 类，即 4P 理论。该理论使得企业复杂的营销活动简明、清晰，在理论界和营销实践中被奉为经典。

4P 从微观的、卖方的角度出发，在 STP 的战略决策中应用更科学，STP 即市场细分（Segmentation）、目标市场选择（Targeting）、市场定位（Positioning）。4P 彼此间协调整合成分不明显的弊端随着时代的发展愈发明显。

20 世纪 80 年代，菲利普·科特勒提出了大市场营销的理论。4P 理论发展为 6P 理论和 10P 理论。6P 理论在 4P 理论的基础上，加进权力（Power）、公共关系（Public Relations）。10P 理论在 6P 理论的基础上，加进探查（Probing）、细分（Partitioning）、优先（Prioritizing）、定位（Positioning）。

小结

1. 欧洲关系营销学派、美国市场营销协会、菲利普·科特勒分别定义市场营销。
2. 了解市场营销学相关概念，才能帮助我们把握和理解市场营销的实质和核心内容，帮助我们在从事市场营销活动中不偏离方向。

单元二　领会市场营销理论发展

❖【知识目标】

- 正确理解市场营销理论发展。
- 熟练掌握市场营销理论的内容。

❖【技能目标】

- 熟练运用市场营销理论进行分析。

❖【素养目标】

- 培养自主探究的意识，提高行业创新精神。
- 把握营销理念的新发展，培养营销法律思维。

知识导图

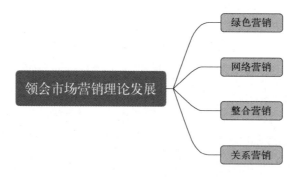

课前案例导学

汽车行业营销的变迁

在20世纪初，福特汽车公司只生产黑色的T型车，秉持生产观念，认为只要大量生产、降低成本就能获利，因为当时汽车市场供不应求，消费者关注的是能否拥有汽车。到了20世纪中期，随着市场竞争加剧，通用汽车公司则以产品观念为指导，注重汽车的款式、性能等多样化发展，满足不同消费者对汽车产品品质的更高要求。后来，当市场上汽车品牌众多时，一些汽车厂商采用推销观念，通过大量广告和推销人员来促进销售。再往后，丰田等公司以市场营销观念为主，深入研究消费者对节能、舒适、性价比等的需求，围绕这些来设计和推广产品。如今，汽车行业在营销中融入社会营销观念，比如研发新能源汽车减少污染、打造环保生产流程，同时注重消费者体验和社会价值。通过汽车行业营销的变迁，我们可以领会市场营销理论是如何从以生产为中心逐步走向以消费者和社会为中心发展的。

知识学习

一、绿色营销

绿色营销观念又称生态营销观念，是可持续发展战略指导下市场营销观念的新发展。绿色营销产生于20世纪80年代，由于生态环境的恶化、自然资源短缺等问题影响到人类的生存和发展，世界各国开始关注生态环境保护、资源合理配置等问题，企业以保护地球生态环境、保证人类可持续发展为宗旨，提出了绿色营销。

绿色营销就是指企业在产品设计、生产、制造、消费、废弃物处理等经营活动中充分体现环境意识和社会意识。以绿色营销观念为指导的企业，所开展的营销活动都需要以保护生态环境为前提，力求减少和避免环境污染，保护和节约资源，维护社会发展的长远利益。

随着社会的进步、人们受教育程度的提高，越来越多的消费者开始意识到环境保护的重要性，绿色营销也给企业带来了一些商机，尤其是在中医药行业，部分中医药企业把握机会生产绿色产品，推广绿色概念，博得广大消费者的好感。例如，广州白云山中药厂与广州中医药大学合作研发生产"抗菌消炎中药"，提出"中药抗生素"这一概念，打造不良反应及副作用较小的抗生素；同仁堂健康药业公司积极向绿色数智转型升级，稳步推进节能、降碳、减污等各项工作，严格按照国家环保政策及行业规范要求，控制能耗、排放量，限制有害物质的使用，提升产品的绿色特征。

【课堂活动】
分组讨论：你还了解哪些绿色营销的案例？

二、网络营销

1. 网络营销的概念

网络营销是以互联网为基础，利用数字化的信息和网络媒体交互性来辅助营销目标实现的一种新型市场营销方式。就是以消费者为中心，以互联网为工具，开展一系列营销活动以实现企业经营目标。

网络营销具有不受时间和空间限制、能通过多种媒体形式传递信息、与消费者双向互动交流、根据消费者个性化需求定制产品、成本低效率高、依赖互联网信息技术的发展等特点。网络营销活动重点是在交易开始前的宣传和推广阶段发挥信息传递的作用，网络营销不能取代传统营销。

为了有效降低药品流通领域的费用，提升产品的有效价值，缓解看病难、看病贵的问题，医药企业的经营策略逐步发生转变，依托互联网的发展，开始追逐时代潮流，将药品营销渠道与网络结合起来，让消费者利用最短的时间、最合适的价格获得对自己和家人更有利的信息及更好的产品。在这种现代消费观念的驱动下，药品网络营销正在快速发展。某药业 2008 年开始接触网络营销，在慢严舒柠品牌营销与传播中，不断试水，以关注公益事业为切入口，利用官方微博发布关爱慢性咽炎最高发病群体活动，随后利用互联网对消费者开展病理、疾病知识，以及合理用药、中医养生等知识的深度教育，树立品牌形象，传递品牌价值主张。

2. 网络营销的类型

① 按前期推广可分为：搜索引擎营销、"病毒式"营销、网上商店、博客营销、论坛营销、软文营销、邮件营销等。

② 按与顾客互动交流可分为：在线咨询、即时通信、在线客服、网上订单、购物车、聊天群组营销等。

③ 按后期品牌及顾客关系维护可分为：网络品牌、网上调查等。

【素养园地】

网络营销，与法同行

2023 年，各级药品监督管理部门通过对各大电商平台检查发现药品网络销售中存在诸多违法违规行为，如：入驻商家无证经营药品，入驻商家销售未取得批准证明文件药品、销售禁售药品，入驻商家不凭处方销售处方药、未从合法渠道购进药品。

药品网络销售者应当严格按照相关法律法规要求通过网络销售药品，互联网不是法外之地。药品网络销售第三方平台应当贯彻落实《药品网络销售监督管理办法》有关规定，严格履行主体责任，强化审核管理，加强检查监控，发现违法违规行为及时制止，并向所在地药品监督管理部门报告。消费者通过网络购买药品时，注意查看企业是否展示药品经营许可证，如发现无相关经营资质网售药品等违法违规行为，请及时向所在地药品监督管理部门反映。

三、整合营销

现代化企业管理过程中，各职能部门的专业化分工细致，导致内部竞争激烈，从而提出了整合的概念。整合指的是企业要打破部门间的隔阂，使企业经营活动围绕一个宗旨和目标展开，使分力变为合力，从而提高企业综合竞争力。将这种思想运用到营销工作中，形成了整合营销的概念。

整合营销是一种对各种营销工具和手段的系统化结合，根据环境及时进行动态修正，使交换双方在交互中实现价值增值的营销理念与方法。菲利普·科特勒认为，企业所有的部门为服务于顾客利益而共同工作时，其结果就是整合营销。

整合营销一般包括两个层次：一是不同的营销活动都能够传播和交付价值，即整合各类营销活动；二是在有效协调的情况下，实现各项营销活动综合效果的最大化，可以理解为整合企业内部部门、资源与外部环境协调一致，开展营销活动。

整合营销体现了企业经营思想的整体化和系统化，它强调企业经营活动是一个完整的系统，由具备各种不同功能的经营部门构成，各个部门的经营活动必须以实现企业的总体经营目标为核心，取得相互间的协作和协调。各种营销策略之所以都能在企业的经营活动中发挥作用，就是因为它们之间具有很强的互补性，若能很好地加以组合，共同发挥作用，就能产生强大的效应。因此整合营销比单纯的推销更具优势。整合营销不仅强调企业各职能部门的相互协调，更强调每一个部门和员工都必须在"以顾客需求为导向"的思想指导下去开展工作。

中国中药控股有限公司2019年开始推行"龙印中国药材"大品牌战略，以玉屏风颗粒和虫草清肺胶囊两个中成药产品为首打造品类品牌，企业OTC端调整营销战略，将终端服务、媒介传播和专家普识等多元整合，扩大产品宣传覆盖面，加强消费者印象存留。玉屏风颗粒和虫草清肺胶囊当年销售额均有较大幅度增长。

四、关系营销

关系营销是把营销活动看成企业与消费者、供应商、经销商、政府及其他公众发生互动作用的过程，关系营销的目标是与利益相关群体建立长期、互惠的稳定关系，从而创造价值，获得并保持长期的业务和回报。

在产品越来越丰富、替代品越来越多、消费者充分享有自主选择权利的时代，单纯靠一笔交易建立的忠诚度是不稳定的，回头客往往较少。关系营销认为买卖双方之间在互动与合作的过程中共同获益、共同发展。将关系营销应用于消费者层面，通过加强与消费者之间的联系、提供有效的服务，影响消费者重复购买，提高消费者对企业的忠诚度。同时建立起来的良好企业形象和信誉，又能为企业带来更多新的客户，有利于企业获取和保持竞争优势，促进企业的稳定发展。

现代社会发展过程中，企业与社会环境间的关系越来越复杂，诸如政治、经济、法律、道德、文化等外部力量均影响和约束企业的目标与发展。将关系营销应用于组织层面，能够为企业带来稳定持续的合作、交易成本的节约、长期收益的提高等各种利益。与利益相关方建立长期稳定的关系、构建获取成长资源的关系网络，关键在于承诺与信任，承诺与信任既体现了合作伙伴的关系地位，又表明了未来持续合作的意愿。同时加强互动对伙伴关系的发展与维持很重要，关系各方之间应该在讲求诚信、公开沟通的基础上进行信息交换、共享知识和互补资源，最终通过共同创造价值实现多方共赢的局面。

关系营销最终的结果是建立公司的独特资产——营销网络。营销网络由公司和与其建立了互惠商业关系的利益方组成。后续的竞争不再局限于企业与企业之间，而在不同营销网络之间展开。

 小结

正确理解市场营销理论的内容，包括绿色营销、网络营销、整合营销、关系营销等。

牛刀小试

一、选择题

1. 顾客为获得某种产品（的效用）所要付出的时间是（　　）。
   A. 货币成本　　　　B. 时间成本　　　　C. 精神成本　　　　D. 体力成本
2. 人们由于社会环境不同，在选择食物时的不同表现属于（　　）。
   A. 需要　　　　　　B. 欲望　　　　　　C. 需求　　　　　　D. 满足
3. 网络营销的特点是（　　）。
   A. 不受时间和空间限制
   B. 根据消费者个性化需求定制产品
   C. 成本低且效率高
   D. 依赖互联网信息技术的发展
4. 广州白云山中药厂与广州中医药大学合作研发生产"抗菌消炎中药"，提出"中药抗生素"这一概念，属于哪种营销？（　　）
   A. 绿色营销　　　　B. 关系营销　　　　C. 整合营销　　　　D. 网络营销

二、简答题

1. 简述市场营销的含义。
2. 简述需要、欲望、需求的区别。
3. 简述网络营销的类型。
4. 简述整合营销的层次。

牛刀小试答案

单元实训　查找市场营销最新成果

一、实训目的

本次实训的目标是查找并研究市场营销领域的最新成果。通过对市场营销领域最新理论和实践的学习，提高我们对市场营销的理解和应用能力，为未来的市场营销工作奠定坚实的基础。

二、实训要求

1. 严格遵守实训纪律和时间安排，确保实训进度和质量。
2. 积极参与实训活动，认真完成实训任务，努力提高自己的市场营销知识和技能。
3. 在实训过程中，注重团队协作和沟通，共同完成实训任务。
4. 对实训成果进行认真总结和反思，为未来的市场营销工作积累经验。

三、实训意义

本次实训不仅能够帮助我们深入了解市场营销领域的最新成果，提高我们的市场营销知识和应用能力，还能够培养我们的团队协作和沟通能力。通过实训的锻炼和实践，我们将更加自信地面对未来的市场营销挑战，为企业的发展贡献自己的力量。

四、实训内容

1. 收集市场营销最新成果资料

通过多种渠道（如学术期刊、行业报告、专业网站等）收集市场营销领域的最新成果资料，包括最新的市场营销理论、研究方法、实践案例等。

2. 分析市场营销最新成果

对收集到的市场营销最新成果进行深入分析，理解其理论内涵和实践价值。同时，将这些最新成果与已有的市场营销知识进行对比和联系，形成自己的理解和见解。

3. 撰写市场营销案例报告

基于市场营销最新成果的分析和理解，结合具体市场营销案例，撰写市场营销案例报告。该报告应包括市场营销概念及相关理论等方面的内容。

五、实训步骤

1. 确定实训主题和目标

在实训开始前，明确实训的主题和目标，确定要查找的市场营销最新成果的范围和类型。

2. 收集资料

通过多种渠道收集市场营销最新成果资料，注意选择权威、可靠的来源。同时，对收集到的资料进行整理和分类，方便后续的分析和应用。

3. 分析资料

对收集到的市场营销最新成果进行深入分析，理解其理论内涵和实践价值。可以结合具体案例进行分析，加深对市场营销最新成果的理解。

4. 撰写报告

基于市场营销最新成果的分析和理解，结合具体市场营销案例，撰写市场营销案例报告。在撰写报告时，要充分考虑市场营销概念及相关理论。

5. 汇总与展示实训成果

将实训过程中收集和分析的市场营销最新成果以及制定的市场营销策略进行汇总和整理。可以通过撰写报告、制作 PPT 等形式展示实训成果，与团队成员或老师进行交流和讨论。

六、实训评价

实训评价采用过程与结果相结合的形式，考核内容如表 1.1.1 所示。

表 1.1.1 实训评价表

组成	指标	内容	分值/分	得分/分
过程考核 （50 分）	实训纪律	严格遵守实训课堂规章制度，不迟到早退	10	
	团队合作	与小组组员共同研究、探讨，完成实训任务	20	
	实训态度	积极主动参与到课堂实训中来，能够听取同学和老师的建议	20	
结果考核 （50 分）	分析结果	通过多种渠道（如学术期刊、行业报告、专业网站等）收集市场营销领域的最新成果资料，包括最新的市场营销理论、研究方法、实践案例等	25	
	成果汇报	汇报内容全面、准确，思路清晰，表达流利	25	

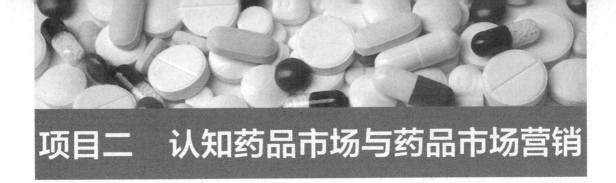

项目二　认知药品市场与药品市场营销

单元一　明晰药品市场的含义与类型

【知识目标】

- 能正确理解药品市场的含义。
- 能熟练掌握药品市场的类型及特点。

【技能目标】

- 能熟练运用药品市场分类方法，对药品市场进行分类。
- 能判断不同类型药品市场的特点。

【素养目标】

- 养成药品质量安全与生命至上的职业意识。
- 树立科学的市场营销工作思维。

知识导图

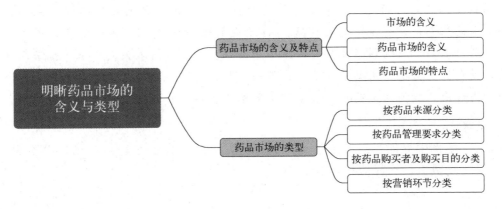

课前案例导学

2023年末，美国某机构研究报告显示，中国在计算机和电子产品、化学品、机械设备、机动车、基本金属、金属制品、电器设备领域领先世界。中国的产能产量加起来比所有其他国家加起来的总和还要多。中国作为世界上最强大的制造国家，制药领域相对弱一些。但在"十四五"规划中，国家创新增加了"面向人民生命健康"，预示着制药行业进入快速发展的时代。

人民向往美好生活，寿命越来越长，人口老龄化也在加剧，全球的药品市场份额一直是上涨趋势。目前，全球知名制药企业集中在美国、日本以及欧洲国家，中国在奋起直追的路上。企业销售收入、利润、申请专利数、研发经费的支出都在不断增加，现在中国的一些药企已经走在前列，世界五百强企业里也出现了华润、中国医药、广州医药等医药公司。整个中国医药发展、新药的研发处在蓬勃发展的态势。

中国工业化在转型升级，国家各项政策都在助力中国制药业的发展，中国医药行业面临着许多新机遇的同时也面临着新的挑战，尤其是集中采购政策，一开始把药品价格压得很低，企业没有利润或者利润率极低，企业参与的积极性不高，通过这几年的探索，规则已经基本稳定。中国是个巨大的医药市场，集采可以推动国内头部药企高速发展，只要拿到这个市场，医药行业的发展就可以有个稳定的预期。

所以我们要充分利用：一是人口规模的经济，中国拥有巨大的人口基数，有着大量的医药需求，同时也有丰富的临床试验与基因库。二是医疗保障的规模经济，我们的医保水平在不断提高，尽管集中采购以后销售价格会降低，但是只要药品进了报销目录，进了集采目录，更多的老百姓就会来用这个药，整体规模是在扩大的。三是生产规模，仿制药的国内需求量集中体现在集采数量上，可以提高市场集中度，将这个需求集中于有限的企业，扩大生产规模，降低单位成本，在保证生产质量的同时，产生的利润可以维持企业再研发、再发展的需求。四是研发的规模优势，政府可以通过产业政策和园区的建设，汇集资本合力，促进医药产业的集聚，整合产业链上下游以及高校科研机构，形成产业链的优势来提高新药的研发和创新能力。

医药行业还面临着高质量发展的新机遇，可以充分利用大数据智能化的新技术。我国第四次工业革命正在进行中，智能化水平已经遥遥领先。无论是在应用、研发和未来的产业布局上都遥遥领先。未来可以把这个技术赋能到我们的医药研发、生产、上市中。未来是信息化、智能化、大数据、AI研发的创新模式，尤其中国有这样大的数据优势。所以医药行业的创新发展要紧跟国家要求，产品要进入发达国家，壁垒还是比较大的，现在的贸易伙伴主要是共建"一带一路"国家，现在的战略也是健康先行，沿路给他们送健康，我们的医药应该顺着国家要求出去，这样就可以进一步扩大规模。

> **思考：**
>
> 案例中提到了一个概念是药品市场，请思考什么是药品市场？中国药品市场具有什么样的特点？

知识学习

市场是社会分工和商品经济发展的必然产物。哪里有商品生产，哪里就有市场，随着商品经济的发展，市场也在不断变化。药品作为一种特殊的商品，与人的生命安全和身体健康息息相关，人们不能完全按照一般商品的经济规律对待药品和药品市场，所以下面通过市场的含义，我们来学习药品市场的含义及特点。

一、药品市场的含义及特点

（一）市场的含义

市场是商品经济的范畴，同时也是一个历史范畴，市场的概念随着社会经济的发展和市场活动范围的扩大而不断丰富，下面介绍三种不同角度市场的概念。

认知药品市场与药品市场营销（PPT）

1. 市场是买方和卖方进行商品交换的场所

这是市场的原始概念，也是一个时间、空间上的概念，如中药材批发市场、农贸市场等。

2. 市场是商品交换关系的总和

这是从经济学角度揭示的市场概念。市场不仅是指具体的交易场所，而且是指所有买方和卖方实现商品交换的各种关系的总和。

3. 市场是对某种产品现实和潜在需求的总和

这是从市场营销学角度理解和界定的市场的概念。在市场营销学的范畴，"市场"是由各种需求构成的，市场营销活动的出发点和落脚点是满足市场上各种各样的需求。美国著名营销学家菲利普·科特勒指出："市场是由一切具有特定欲望和需求并愿意和能够以交换来满足这些需求的潜在顾客所组成的。"

一个现实有效的市场是由人口、购买欲望和购买力三个要素构成的，三个要素互相制约、缺一不可。在构成市场的三要素中，人口是构成市场的基本因素，一个地区市场规模的大小与人口总数有着密切联系。

（二）药品市场的含义

结合市场营销学角度下的市场的概念，我们可以得出药品市场的含义：药品市场是指个人或组织对某种或某类药品现实和潜在需求的总和，即对药品的需求构成了药品市场。

药品市场也是由人口、购买欲望和购买力三个要素构成。我国老年人群数量众多，老年人慢性病（高血压、冠心病、糖尿病）居多，对于慢性病药品的购买欲望和购买力强，因此治疗慢性病药品在老年群体中形成有效的市场规模。

（三）药品市场的特点

由于药品市场中实现交换的载体是药品，药品是防病治病、保护健康的特殊商品，因此药品市场具有以下不同于其他产品市场的特点。

市场与药品市场的概念（视频）

1. 药品的特殊性

药品直接作用于人体，既能防病治病，也存在不良反应。药品妥善管理、安全使用，可以达到治病救人目的，反之，则会危害人体健康和生命安全。

项目二　认知药品市场与药品市场营销　17

2. 药品消费的被动性

由于药品的专业性强，患者对于药品的适应证、用法用量、毒副作用、疗效等缺乏了解，药品的使用和选择由医务人员掌握，患者与医务人员之间存在信息不对称，出现了药品的选择权、决定权和消费权的分离，相关群体的主导性强的特点。

3. 药品需求缺乏弹性

需求缺乏弹性是指消费者对产品的价格变动不敏感，整个药品市场的需求受市场价格变动的影响较小。产品价格的升高，不会引起消费需求的明显降低，尤其是用于治疗急危重症的药品，其价格需求弹性更小。

4. 药品供应的及时性

疾病的突发性和控制症状、治愈的迫切性，决定了消费者对药品的需求普遍具有时效性。尤其是在一定时期、一定区域内需求量迅速增加时，例如季节性传染病聚集性发生、自然灾害等特殊情况下，更体现了药品供应及时性这一特点。

5. 竞争的局限性

药品是守护人民健康的重要工具，其质量安全、疗效可靠一直是重大民生问题，因此对药品市场的监督管理要比其他行业更加严格，这就决定了市场竞争的局限性，在广告宣传、价格竞争方面都有相关法律法规的约束。

二、药品市场的类型

药品市场是由不同类型的市场构成的，可以按照不同的特征将药品市场进行分类，这样有助于营销人员掌握不同类型药品市场的特点和发展现状，分析各类药品市场上的消费需求，为制定营销策略提供依据。由于标准不同，药品市场的分类方式有很多种，因此结合药品市场的营销活动，介绍几种典型的分类方式。

（一）按药品来源分类

按照药品的来源不同，可将药品分为人工合成药物（化学药）、天然药物（中药）和生物药物，分别对应形成了化学药市场、中药市场和生物药市场。

1. 化学药市场特点

① 我国是全球原料药生产基地，化学原料药生产厂家集中度高、市场占有率高；

② 我国化学制剂多以仿制药为主，利润低，与发达国家相比企业规模小、数量多，市场竞争激烈，国产化创新药和高端制剂市场仍有较大发展空间。

2. 中药市场特点

① 我国人口规模庞大，老龄化趋势、慢性病发病人数多推动中药需求增长；

② 国家政策持续利好推进中医药相关产业快速发展；

③ 中药的疗效和优势逐渐被市场认可；

④ 中药企业的研发能力、生产技术与配套设备先进程度仍有待提高。

3. 生物药市场特点

① 我国生物药起步较晚，但整体水平与世界先进水平的差距较小；

② 生物药的研发、生产及流通成本高，风险高，利润高；

③ 技术含量高，科技更新迭代快。

（二）按药品管理要求分类

按照药品分类管理要求，可将药品市场分为处方药市场和非处方药市场。

1. 处方药市场特点
① 决策者和使用者分离；
② 终端销售人员专业化；
③ 消费者对处方药的价格不敏感；
④ 处方药不允许开架销售，流通渠道监管严格，销售渠道以医疗机构为主。

2. 非处方药市场特点
① 药品多为家庭常备药，如感冒药、解热镇痛药、胃肠疾病治疗药等，直接面向消费者出售；
② 市场容量大，利润较稳定；
③ 市场细化，每个细分市场均有头部品牌，竞争激烈；
④ 非处方药可以开架销售，销售渠道以零售药店为主，医疗机构为辅，第三终端市场份额成为新的竞争焦点。

（三）按药品购买者及购买目的分类

按照购买者及其购买目的，可将药品市场分为药品消费者市场和药品组织市场。药品消费者市场是以个人或家庭为购买单位构成的市场，其购买目的是满足防病治病等健康需求；药品组织市场是指以组织为单位进行采购形成的市场，目的是进行生产、销售、维持组织运作或履行职能。

（四）按营销环节分类

药品市场按照营销环节可以分成药品批发市场和药品零售市场。药品批发市场是指药品批发企业从药品生产企业或其他药品批发企业购买医药产品进行转售获取利润形成的市场；药品零售市场是指药品零售企业从药品生产企业或药品批发企业购买医药产品出售给最终消费者形成的市场。

认知经济学中的四种市场类型（文本）

【课堂活动】
　　分组讨论：还可以使用什么分类标准来划分药品市场？

知识拓展

多奈哌齐的药品市场特征

多奈哌齐是一种胆碱酯酶抑制剂，在阿尔茨海默病药物市场中占据重要地位。研发阶段，药企投入大量资金和精力进行临床试验以验证其疗效和安全性。生产过程中，对

项目二　认知药品市场与药品市场营销　19

原料质量和生产工艺要求严格，因为这关乎药品品质。在市场上，它主要通过医院神经内科、老年科以及部分专业药房进行销售。医生在诊断患者病情后决定是否开此药，患者家属则考虑药物疗效、价格等因素。由于阿尔茨海默病患者群体庞大且不断增加，对多奈哌齐的需求持续存在，但同时，新的治疗方法和药物不断涌现，医保报销政策也在调整，使得多奈哌齐在这个竞争激烈又充满变化的药品市场中面临机遇与挑战，也反映出药品市场受医疗需求、竞争、政策等多因素影响的特点。

 小结

1. 药品市场是指个人或组织对某种或某类药品现实和潜在需求的总和，即对药品的需求构成了药品市场。

2. 按照药品的来源不同，可将药品分成人工合成药物（化学药）、天然药物（中药）和生物药物，分别对应形成了化学药市场、中药市场和生物药市场；按照药品分类管理要求，可将药品市场分成处方药市场和非处方药市场；按照购买者及其购买目的，可将药品市场分成药品消费者市场和药品组织市场；药品市场按照营销环节可以分成药品批发市场和药品零售市场。

单元二　塑造药品市场营销观念

【知识目标】

- 能熟练掌握药品市场营销观念的演变过程。
- 能理解营销观念的新发展。

【技能目标】

- 能判断传统营销观念与现代营销观念的差异。
- 能分析药品行业发展阶段遵循的营销观念。

【素养目标】

- 形成合规经营药品的意识。
- 培养用联系发展的眼光看待市场变化的营销思维。

知识导图

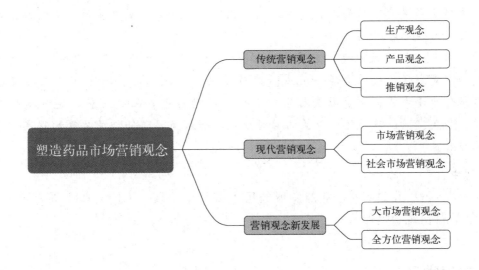

课前案例导学

改革开放之前，我国处于计划经济时期，医药行业奉行计划导向，医药管理体制基本上是集中统一管理模式，药品实行分级分类计划管理，购销方式较为单一。当时，我国医药管理政策规定制药企业不能直接进行销售，而要经过中间商（药品批发企业）进行销售。医药生产企业根据指令计划生产药品，医药公司负责流通调拨，医药生产和流通完全分离,制药企业在这种体制下不必考虑销售问题。

1978年后,我国社会主义市场经济体制逐步形成,医药行业发展加速,加之市场营销学在我国广泛传播,药品市场尚处于卖方市场,药品经营利润丰厚,医药企业经济效益良好。在1980年,医药行业的销售利润率为21.7%。新的药厂和医药经销公司如雨后春笋般出现,医药批发企业发展到2500多家,竞争格局逐渐形成。药品供应量大大提高的同时也伴随着盲目低水平重复建设导致的资源浪费。市场中出现了供大于求的现象,有相当数量的医药企业采用让利等手段推销产品并大打广告战。

20世纪90年代初至90年代中后期,我国医药行业结构性问题日渐突出,医药企业的效益大幅度滑坡,加上国际市场上传统原料药价格走低,整个医药行业面临困境。企业间的竞争越来越白热化,整个医药市场处于无序竞争状态,各制药企业为了促销产品,出现了竞相降价、暗箱操作、药品回扣等问题,引起了社会的广泛关注。

1998年以来,我国医药行业进行了结构调整,政府也出台了一系列的医改政策,强化了对整个医药行业的监管,本着优胜劣汰的原则,通过实施GMP认证,将医药企业数量缩小到5000家左右,同时国家放开对外资药品生产企业的限制,并积极开展医疗体制改革,逐步建立了合理有序的竞争秩序。

2000年以来,医药企业通过对企业优势、劣势、机会与威胁的分析,准确把握市场环境、明确自身缺陷、突出优势,坚持以市场为中心,制定营销策略,通过整合资源逐步形成属于自己的营销团队、渠道及客户群。企业逐步建立起以消费者为导向的营销策略,根据消费者的不同要求有针对性地提供服务。同时,更尊重消费者的知情权,积极应对可能出现的各种问题。

2009年是中国医改元年,也是我国医药行业变化最大的一年,医药企业在相关政策的影响下受到了严峻的考验。随着医改政策的不断深入,医药企业又面临着新的考验:医药企业逐步将优势资源进行集中发展,拉动特色产品的发展,通过各种营销手段,寻找利润空间;提高经济效益的同时还要符合政策,遵守相关政策的规定,保证一定的社会效益。

> **思考:**
> 案例中我国医药企业的发展经历了哪几个阶段?不同阶段主导企业发展的营销观念是什么?

知识学习

市场营销观念又被称为市场营销哲学,是医药企业从业人员在组织、策划营销活动时的基本指导思想和行为准则,能帮助从业者有效处理企业、消费者、社会和其他利益相关群体之间的关系。随着经济发展和技术进步,营销观念也随着市场经济环境的变化而不断变化,先后出现了以企业为中心的传统观念和以消费者为中心、以社会利益为中心的现代营销观念。

一、传统营销观念

传统营销观念是在早期社会生产和经济发展过程中形成的，指的是以企业为中心的营销观念，即以企业自身利益为根本开展营销活动的观念，主要包括生产观念、产品观念和推销观念。

（一）生产观念

生产观念是最早的营销观念，是指社会生产力发展水平较低，市场上的产品供给大于需求，市场由卖方说了算，一切活动都围绕着生产，卖方生产什么产品，消费者就购买到什么产品。在这一观念的指导下，企业营销活动的关键在于降低成本，提高产量，扩大销售覆盖面。但随着技术进步和生产力发展，市场供求形势发生了变化，生产观念的适用范围也随之缩小，最终被新的观念取代。

1956年，我国进入计划经济时期，国内医药行业一直奉行着以生产为导向的营销观念，药厂根据计划生产产品，医药公司负责流通调拨，在这种制度下，药厂不担心生产的药品滞销，而需要考虑的是如何降低成本和增加产量。20世纪90年代，随着经济体制改革的深入，中国医药企业的这种营销观念才得以转变。

（二）产品观念

产品观念产生于20世纪30年代以前，该观念认为消费者更喜欢高质量、多功能或具有某种特色的产品，所以企业应该在不断改进产品质量的基础上大量生产产品，用高质量产品来吸引消费者购买，并没有考虑到消费者的购买力和真实需求。在这种观念下生产出来的产品，形式单一、款式陈旧、缺乏宣传，在商品短缺的市场环境中，这种观念能短暂地适应市场。在我国广泛流传的"酒香不怕巷子深""一招鲜、吃遍天"等商谚体现的就是产品观念。

（三）推销观念

推销观念产生于20世纪20年代末到50年代初，当时西方一些发达国家先后完成了工业革命，机器代替了人力生产，生产力得到空前发展，生产规模日益扩大，资本主义经济由卖方市场向买方市场过渡。市场上的产品数量迅速增长，竞争变得越来越激烈，企业活动从"以生产为中心"转变为"以推销为中心"，希望通过各种推销手段来刺激消费者购买，解决产品销路问题。推销的观念表现为"我卖什么，顾客就买什么"，强调的仍然是产品是被"卖出去的"而不是"买去的"，通过强化推销来刺激消费，具有一定风险性，当一些企业生产过剩时，也会表现出推销为主的营销观念。

二、现代营销观念

现代营销观念主要包含了以消费者为中心的市场营销观念和以社会利益为中心的社会市场营销观念。

（一）市场营销观念

市场营销观念出现于20世纪50年代中期，是企业经营观念的一次根本性转折。随着市场供需关系的变化，买方市场完全占主导，企业不再以自身利益为中心，开始关注消费者需求。市场营销观念认为，实现企业各项目标的关键在于准确把握目标市场的需求，并且要比竞争者更有效地传达目标市场所需要的商品或服务，才能占领市场，于是在实践中采用以产品（Product）、价格（Price）、渠道（Place）、促销（Promotion）为核心的4P组合策略，更好地服务于目标市场。其体现的思想是"顾客需要什么，就生产什么"。因此出现了"顾客至上""顾客就是上帝""顾客永远是正确的"诸如此类的营销口号。

（二）社会市场营销观念

20世纪70年代，工业的发展带来了一系列问题，例如社会环境的破坏、污染严重、自然资源短缺等，引发了部分消费者和社会公众的不满。为了实现社会和经济的可持续发展，一些市场学者提出了人类观念、理智消费观念、生态强制观念等新观念来完善、补充市场营销观念，菲利普·科特勒将其归纳为社会市场营销观念。

社会市场营销观念，是指企业不仅要通过满足消费者短期的需求获取利润，而且要符合消费者长远利益和社会利益的要求从事经营活动，正确处理企业、消费者和社会三者之间的利益关系。所以企业在迎合消费者需求创造价值的基础上，还要考虑生态平衡、节约资源、社会福利等问题，主动参与科学、健康的生活方式设计。药品作为特殊的商品，医药企业更有必要贯彻社会市场营销观念，在社会市场营销观念的指导下，承担社会责任，兼顾企业、患者和社会共同利益。

【课堂活动】
分组讨论：现代医药企业经营过程中应该如何践行社会市场营销观念？

传统营销观念与现代营销观念的区别见表1.2.1。

表1.2.1 传统营销观念与现代营销观念的区别

类型	营销观念	核心思想	方法	营销目标
以企业为中心	生产观念	重视产量和生产效率	提高生产效率	扩大生产，降低成本，获取利润
	产品观念	重视产品质量	提高产品质量	提高质量，扩大生产，获取利润
	推销观念	重视推销手段	采取促进销售策略	加强促销活动，提高市场占有率，获取利润
以消费者为中心	市场营销观念	关注消费者需求	进行整体市场营销活动	创造满足消费者需求的产品或服务
以社会利益为中心	社会市场营销观念	消费者、企业、社会共赢	进行协调性市场营销活动	发展和运用一切与社会利益相一致的市场营销组合策略

> 【素养园地】

"药"之大者,为国为民 ——新时代国企片仔癀药业的使命与担当

近年来,漳州片仔癀药业股份有限公司(以下简称"片仔癀药业")以科技和市场创新引领,实现高质量发展。作为国有上市企业,片仔癀药业始终坚持"慈善爱心,回报社会"的理念,积极开展社会慈善活动、公益事业,充分发挥国有企业履行社会责任的表率作用,促进企业与社会和谐发展。

1. 为脱贫攻坚和乡村振兴贡献力量

片仔癀药业按照"生态+"模式,推行"公司+基地+农户+科技"的产业模式,在陕西、四川、云南、福建等省建立药材种养殖基地。通过产业扶贫,推进脱贫攻坚,促进乡村振兴,公司因此荣膺"首批精准扶贫最具影响力企业"称号。

漳州市平和县芦溪镇九曲村是红色革命老区基点村。由于该村桥梁大多为低水位桥,车辆需绕行,给村民的生产生活带来极大不便。为此,片仔癀药业向九曲村捐赠扶贫款100多万元,建设超高水位"片仔癀"桥。该桥于2020年7月建成通车,解决九曲村村民出行难问题,促进了当地的经济发展。

此外,片仔癀药业长期与福建电视台合作,通过"爱心帮帮团""您好妈妈""您好爸爸"等栏目开展助学扶困等活动,累计捐款60多万元;每年向漳州慈善总会捐助"爱心款",定向用于救助孤残、重疾儿童,年均捐款超200万元;发动党员"点对点帮扶"贫困家庭,累计捐赠爱心款60万元;向福建省红色旅游扶贫重点村平和县长乐乡乐北村捐赠20万元,建设综合文化服务中心;向平和蜜柚打假维权提供定向精准帮扶20万元,扶持当地特色产业发展……近三年,片仔癀共捐助爱心款2000多万元,向社会播撒国企"爱心"。

2. 以"绿色生产"守护绿水青山

片仔癀药业坚守"以人为本、安全并重、绿色发展、科技驱动"的环境安全方针,将污染控制和节能增效纳入环境管理体系,以绿色制造、绿色发展守护绿水青山。

近年来,公司坚持贯彻绿色制造、清洁生产、循环经济的管理理念,每年定期对公司适用的环保法律法规进行收集、识别及合规性评价,对产品设计、生产、销售等全产业链实施严格管控,制定并实施一系列绿色节能方案,投入上千万元进行技术改造提升,实现环保资金投入保障率100%、危险废物无害化处置率100%、环保三方监测抽检合格率100%、"三废"排放合格率100%。

2020年10月,工业和信息化部公布《第五批绿色制造名单》,片仔癀药业荣膺国家级"绿色工厂"称号,是福建省首家获评国家级"绿色工厂"的制药企业。

片仔癀药业董事长刘建顺表示,公司将持续贯彻落实国家绿色发展战略,将绿色发展理念贯穿于生产全过程,实现环保优先原则下的可持续性发展。

三、营销观念新发展

随着时代的发展,技术的进步,社会生产力迅速增长,国民经济生机勃勃,消费者

收入水平不断增长,消费需求也在不断变化,各种各样的新产品层出不穷。为了适应市场环境变化和营销实践的要求,营销观念有了进一步的发展,孕育出了大市场营销观念、全方位营销观念等。

(一)大市场营销观念

20世纪80年代以来,发达国家经济过剩,国际市场竞争越来越激烈,许多国家政府加强干预,贸易保护主义抬头,为了保护本国的工业发展,设置了一系列贸易壁垒,阻止生产、销售同类产品的企业进入市场,在这种形势下,市场营销观念有了新发展。美国营销学者菲利普·科特勒提出了"大市场营销"观念,他认为一个企业不应该单方面适应外部环境和市场需求,应当能够发挥主观能动作用,影响所处的市场环境,使其朝着有利于企业的方向发展。

大市场营销观念是指企业为了进入特定的市场,并从事业务经营活动,在策略上应协调运用政治的、公共关系等手段,以取得各方面的合作与支持,从而达到预期目的。大市场营销观念是以市场需求为中心,以引导、创造并满足市场需求为宗旨的市场营销管理哲学。在大市场营销观念指导下形成的营销战略,在传统4P组合理论上又增加了2P即权力(Power)和公共关系(Public Relations)。如全球较早开展直销的美国安利公司在中国的成功"转制",就是通过取得政府部门支持的典型案例。

大市场营销观念与市场营销观念有所不同,主要体现在三个方面。一是企业与所处的市场环境之间的关系不同。市场营销观念认为,企业根据市场需求制定市场营销组合策略,与外界环境影响因素相适应,是企业生存和发展的关键,而大市场营销观念认为企业是可以发挥主观作用来影响周围环境的。二是营销目标不同,市场营销观念指导下企业的目标是一切经营活动均以消费者需求为主,而大市场营销观念指导下则是为了满足目标顾客需要,企业采取各种手段,进入某一特定市场,或者创造、改变消费者需求。三是企业采取的营销战略不同,市场营销观念下企业以合理设计4P组合为主,而大市场营销观念通过6P进入市场,创造或改变目标消费者需求。

(二)全方位营销观念

21世纪以来,受到互联网、全球化和超竞争的影响,企业需要采取一套新的理论和方法来适应新经济时代带来的一系列变化。

以菲利普·科特勒为代表的营销学者认为,在新经济条件下,消费者与企业的能力都有了新的扩张。从消费者的角度看,其获取商品和服务信息的能力不断提升,可选择的范围也不断增大,提出的需求也越来越高,其选择并保持忠诚的依据是看企业能否有针对性地提供个性化的商品和服务。从企业的角度看,其获取市场及顾客信息的渠道越来越广泛,与顾客进行沟通的手段也越来越丰富,市场范围因互联网的广泛应用而突破了时空限制。同时与顾客即时双向沟通,使企业能围绕消费者个性化需要开展定制化营销成为可能。基于以上的变化,他们提出了新经济条件下的全方位营销观念。全方位营销观念是指企业针对个别客户需求,整合企业全面关系网络,通过掌握客户占有率、客户忠诚度和客户终身价值来实现获利性成长。

以迈克尔·兰宁为代表的全方位营销观念认为，全方位营销架构的市场营销活动能创造最为有利的市场环境。所以说，全方位营销观念针对了现代市场活动的宽广度与复杂性，从更高、更深的层面上拓展了营销者的视野。全方位营销观念的思路是通过与消费者沟通、对话、探索、创造和传递消费者所需要的价值，以消费者需求为起点，配置和运用企业资源，开展营销活动，提供与众不同的产品和服务，建立消费者、企业、中间商之间的合作体系，打造推动市场的三大要素：以需求为中心的消费者价值、以企业为中心的核心能力、以中间商为中心的合作网络。营销人员从消费者的认知空间中寻找并确认消费者利益，从企业内部能力中挖掘并确认核心竞争力并决定营运范围，从外部资源空间中寻找合作伙伴，最终建立全新的企业全方位营销体系，以客户关系管理、内部资源管理与合作伙伴管理推动营销的整体化进程。

在这一思想的指导下，全方位营销强调企业的营销活动应当包含"内部营销""整合营销""关系营销"和"绩效营销"四个方面。通过"内部营销"能够充分激发企业员工的工作热情和创新能力，从而不断提高服务顾客的水平；通过"整合营销"则能使企业的内部资源实现最优组合，取得更大的合作效益，促使企业形成更强的核心竞争能力；通过"关系营销"可以不断地推进企业外部合作网络的发展，从而能够最大程度地利用企业的外部资源；通过"绩效营销"则可以对营销活动的结果起到监测作用，帮助企业更广泛地关注营销对法律、伦理、社会和环境的影响和效应（图1.2.1）。

图 1.2.1　全方位营销的构成

 知识拓展

营销组合理念的演变：从4P、4C、4R 到 4V

古人言："兵无常势，水无常形。"如今企业所面临的市场一直在不断变化，变得越来越成熟，消费者越来越精明，厂商通过不断推出新的营销策略争取客户，而市场则是冷静回应。与20世纪相比，今天的市场有很大的不同，无论是竞争格局，还是消费者的思想和行为，都发生了很大的变化。营销理念也随之发生了几次变化，经历了四种典型的营销理念，即：以满足市场需求为目标的4P理论、以追求顾客满意为目标的4C理论、以建立顾客忠诚为目标的4R理论、以提高企业核心竞争力的4V理论。

1. 以满足市场需求为目标的4P理论

美国营销学学者麦卡锡教授在20世纪60年代提出了著名的4P营销组合策略，即产品（Product）、价格（Price）、渠道（Place）和促销（Promotion）。他认为一次成功和完整的市场营销活动，意味着以适当的产品、适当的价格、适当的渠道和适当的促销手段，将适当的产品和服务投放到特定市场的行为。

20世纪60年代，市场竞争远没有现在激烈。这时候产生的4P理论主要是从企业的角度出发来研究市场的需求变化，以及如何在竞争中取胜。4P理论重视产品导向，以满足市场需求为目标。4P理论是营销学的基本理论，它最早将复杂的市场营销活动加以简单化、抽象化和体系化，构建了营销学的基本框架，促进了市场营销理论的发展与普及。

2. 以追求顾客满意为目标的4C理论

4C理论是由美国营销专家劳特朋教授在1990年提出的，它以消费者需求为导向，重新设定了市场营销组合的四个基本要素：消费者（Consumer）、成本（Cost）、便利（Convenience）和沟通（Communication）。它强调企业首先应该把追求顾客满意放在第一位，其次是努力降低顾客的购买成本，然后要充分注意到顾客购买过程中的便利性，而不是从企业的角度来决定销售渠道策略，最后还应以消费者为中心实施有效的营销沟通。与产品导向的4P理论相比，4C理论有了很大的进步和发展，它重视顾客导向，以追求顾客满意为目标，这是当今消费者在营销中越来越居主动地位的市场对企业的必然要求。

这一营销理念也深刻地反映在企业营销活动中。在4C理念的指导下，越来越多的企业更加关注市场和消费者，与顾客建立一种更为密切的和动态的关系。但从实际应用和市场发展趋势看，4C理论依然存在不足。首先，4C理论着重寻找并满足消费者需求，而忽略了市场经济还存在的竞争导向。其次，在4C理论的引导下，企业需要被动适应顾客的需求，往往令其失去方向，为被动地满足消费者需求付出更大的成本，如何将消费者需求与企业长期获得利润结合起来是4C理论有待解决的问题。

因此，市场的发展及其对4P和4C的回应，需要企业从更高层次建立与顾客之间的更有效的长期关系。于是出现了4R营销理论，对4P和4C理论进行了进一步的发展与补充。

3. 以建立顾客忠诚为目标的4R理论

21世纪伊始，艾略特·艾登伯格提出4R营销理论。4R理论以关系营销为核心，重在建立顾客忠诚。它阐述了四个全新的营销组合要素：关联（Relativity）、反应（Reaction）、关系（Relation）和回报（Retribution）。4R理论强调企业应与顾客在市场动态变化中建立长久稳定的关系，以防止顾客流失；面对迅速变化的顾客需求，企业应学会倾听顾客的意见，及时寻找、发现和挖掘顾客的渴望与不满及其可能发生的变化，同时建立快速反应机制以对市场变化快速作出反应；企业与顾客之间应建立长期而稳定的朋友关系，从实现销售转变为实现对顾客的责任与承诺，以维持顾客再次购买和顾客忠诚；企业应追求市场回报，并将市场回报当作企业进一步发展和保持与市场建立关系的动力与源泉。

4R营销理论的最大特点是以竞争为导向，在新的层次上概括了营销的新框架。该理论根据市场不断成熟和竞争日趋激烈的形势，着眼于企业与顾客互动与双赢，不仅积极地适应顾客的需求，而且主动地创造需求，通过关联、关系、反应等形式与客户形成独特的关系，把企业与客户联系在一起，形成竞争优势。

4．以提高企业核心竞争力的4V理论

在新经济时代，培育、保持和提高核心竞争能力是企业经营管理活动的中心，也成为企业市场营销活动的着眼点。4V理论正是在这种需求下应运而生的。4V的内容分别是：差异化（Variation）、功能化（Versatility）、附加价值（Value）、共鸣（Vibration）。

差异化就是企业凭借自身的技术优势和管理优势，生产出性能上和质量上优于市场上现有水平的产品，或是在销售方面通过有特色的宣传活动、灵活的推销手段、周到的售后服务，在消费者心目中树立起不同一般的良好形象。功能化指以产品的核心功能为基础，提供不同功能组合的系列化产品供给，增加一些功能变成高档品，减掉一些功能就变成中、低档产品，以满足不同客户的消费习惯和经济承受能力。其核心是形成产品核心功能的超强生产能力，同时兼顾延伸功能与附加功能的发展需要。附加价值指除去产品本身，包括品牌、文化、技术、营销和服务等因素所形成的价值。共鸣指企业为客户持续提供具有最大价值的创新产品和服务，使客户能够更多地体验到产品和服务的实际价值效用，最终在企业和客户之间产生利益与情感关联。

 小结

1．药品市场是个人和组织对药品现实和潜在需求的总和，药品的特殊性决定了人们不能完全按照一般商品的经济规律去探索药品市场，与其他市场相同的是，药品市场是由人口、购买力和购买欲望三要素构成的。

2．医药市场营销人员在分析药品市场消费需求时，可以根据不同的特征将其分类，有针对性地深入了解。

3．随着经济发展和技术进步，营销观念也随着市场经济环境的变化而不断变化，先后出现了以企业为中心的传统观念和以消费者为中心、以社会利益为中心的现代营销观念。以企业为中心的营销观念包括生产观念、产品观念和推销观念，以消费者为中心的营销观念是市场营销观念，以社会利益为中心的营销观念是社会市场营销观念。

4．为了更好地适应市场环境变化和营销实践的要求，出现了一系列新的营销观念，如大市场营销观念、全方位营销观念等。

 牛刀小试

一、选择题

（一）单选题

1．下列哪项属于构成市场的三要素之一？（　　　）

A. 自然环境　　　　　　B. 地理位置　　　　　C. 价格
D. 使用价值　　　　　　E. 购买欲望

2. 下列哪项不属于处方药市场的特点？（　　）
   A. 决策者和使用者分离
   B. 终端销售人员专业化
   C. 产品允许开架销售，销售渠道以零售药店为主
   D. 产品不允许开架销售，流通渠道监管严格，销售渠道以医疗机构为主
   E. 消费者对处方药的价格不敏感

3. 按照药品的来源不同可将药品市场分为（　　）。
   A. 国内市场和国外市场
   B. 化学药市场、中药市场和生物药市场
   C. 批发市场和零售市场
   D. 医药消费者市场和医药组织市场
   E. 处方药市场和非处方药市场

4. 为了解决市场营销与社会利益之间的冲突，西方学者提出（　　）观念，来修正市场营销观念。
   A. 生产　　　　　　　　B. 产品　　　　　　　C. 推销
   D. 市场营销　　　　　　E. 社会市场营销

5. 下列属于处方药市场特点的是（　　）。
   A. 决策者和使用者分离
   B. 药品多为家庭常备药
   C. 可以开架销售，销售渠道以零售药店为主
   D. 起步较晚，但整体水平与世界先进水平的差距较小
   E. 市场细化，每个细分市场均有头部品牌，竞争激烈

6. 下列哪项属于全方位营销观念引导下企业营销活动的构成部分？（　　）
   A. 绿色营销　　　　　　B. 体验营销　　　　　C. 整合营销
   D. 网络营销　　　　　　E. 服务营销

7. （　　）是指药品零售企业从药品生产企业或药品批发企业购买医药产品出售给最终消费者形成的市场。
   A. 处方药市场　　　　　B. 非处方药市场　　　C. 药品批发市场
   D. 药品零售市场　　　　E. 药品生产者市场

8. （　　）是以个人或家庭为购买单位构成的市场，其购买目的是满足防病治病等健康需求。
   A. 医药消费者市场　　　B. 医药组织市场　　　C. 处方药市场
   D. 非处方药市场　　　　E. 药品批发市场

9. 消费者对产品的价格变动不敏感，整个药品市场的需求受市场价格变动的影响较小，属于药品市场的哪项特点？（　　）
   A. 药品的特殊性　　　　B. 药品消费的被动性　　C. 药品需求缺乏弹性

D. 药品供应的及时性　　　E. 竞争的局限性

10. "顾客就是上帝"体现的是哪种营销观念？（　　）
    A. 生产观念　　　　　B. 产品观念　　　　　C. 推销观念
    D. 市场营销观念　　　E. 社会市场营销观念

（二）多选题

1. 构成市场的三要素是（　　）。
   A. 人口　　　　　　　B. 购买力　　　　　　C. 购买欲望
   D. 自然资源　　　　　E. 科学技术

2. 按照药品分类管理要求，可将药品市场划分为（　　）。
   A. 处方药市场　　　　B. 药品零售市场　　　C. 药品批发市场
   D. 非处方药市场　　　E. 生物制剂市场

3. 按照营销环节，可将药品市场分为（　　）。
   A. 处方药市场　　　　B. 药品零售市场　　　C. 药品批发市场
   D. 非处方药市场　　　E. 化学药市场

4. 下列哪项属于非处方药市场的特点？（　　）
   A. 决策者和使用者分离
   B. 药品多为家庭常备药
   C. 不能开架销售，销售渠道以医院为主
   D. 起步较晚，但整体水平与世界先进水平的差距较小
   E. 市场细化，每个细分市场均有头部品牌，竞争激烈

5. 下列哪项属于以企业为中心的营销观念？（　　）
   A. 生产观念　　　　　B. 产品观念　　　　　C. 市场营销观念
   D. 社会市场营销观念　E. 推销观念

6. 社会市场营销观念关注的是（　　）的利益。
   A. 企业　　　　　　　B. 政府　　　　　　　C. 消费者
   D. 公众　　　　　　　E. 社会

7. 下列属于药品市场特点的是（　　）。
   A. 药品的特殊性　　　B. 药品消费的被动性　C. 药品需求缺乏弹性
   D. 药品供应的及时性　E. 竞争的局限性

8. 下列哪项属于中药市场的特点？（　　）
   A. 我国人口规模庞大，老龄化趋势、慢性病发病人数推动药品需求增长
   B. 国家政策持续利好推进相关产业快速发展
   C. 疗效和优势逐渐被市场认可
   D. 制药企业的研发能力、生产技术与配套设备先进程度仍有待提高
   E. 起步较晚，但整体水平与世界先进水平的差距较小

9. 下列表述正确的是（　　）。
   A. 从经济学的角度，市场是买方和卖方进行商品交换的场所

B. 从市场营销的角度，市场是买方和卖方进行商品交换的场所

C. 从市场营销的角度，市场是对某类产品现实和潜在需求的总和

D. 从经济学的角度，市场是对某类产品现实和潜在需求的总和

E. 从经济学的角度，市场是商品交换关系的总和

10. 下列表述错误的是（　　）。

A. 生产观念的营销目标是扩大生产，降低成本，获取利润

B. 产品观念的营销目标是扩大生产，降低成本，获取利润

C. 产品观念的营销目标是提高质量，扩大生产，获取利润

D. 市场营销观念的目标是创造满足消费者需求的产品或服务

E. 社会市场营销观念的目标是创造满足消费者需求的产品或服务

二、简答题

1. 从营销的角度看，什么是药品市场？
2. 药品市场具有哪些特点？
3. 市场营销观念经历了哪几个阶段的演变？
4. 药品市场主要分为哪几种类型？
5. 市场营销观念与大市场营销观念有什么不同？

三、案例分析题

盛极而衰的保健品

某公司是一家保健品生产企业，×口服液是其主打产品。1993年该公司注册资本30万元，当年销售收入1600万元，1996年则达到惊人的80亿元。

这个销售奇迹的诞生源于它的推销手段。该公司在全国各大城市注册了600个子公司，吸纳了15万名推销人员。一时间，公司的营销渠道遍布大江南北，连偏远的农村地区都贴满了其产品的宣传标语，成为家喻户晓的品牌。但随后，公司的销售业绩开始滑坡，到2000年，该公司主打的口服液产品在市场已经默默无闻。该公司盛极而衰的原因是复杂的，但其狭隘的推销观念和经营上的盲目扩张不容忽视，只注重花大量人力物力把生产出来的产品推销出去，而忽视了市场调查研究工作，致使公司产品与消费者日益变化的需求脱节。

问题：

1. 该公司经营过程中，以什么营销观念为主导？属于哪种类型？
2. 该公司由盛而衰的发展历程给你怎样的启发？

牛刀小试答案

单元实训　分析医药市场营销岗位及职业能力

一、实训目的

根据背景资料,引导学生查找梳理医药企业营销相关岗位类型,讨论分析不同岗位需要具备的职业能力内容,并对照能力要求进行评价,全面提升学生对医药营销相关岗位工作的认知,培养学生的职业发展规划意识。

二、实训准备

(一)实训分组

6~8人一组,确定组长,实行组长负责制。

(二)实训材料

教师根据医药市场变化情况提前设置任务背景。

(三)背景资料

三位医药营销从业人员的职业发展困惑

① A君,在OTC专员的岗位上工作4年有余,一直业绩平平,收入情况也一般,已经失去了刚入职时对药品销售工作的热情了。他每天跑药店的次数不少,但是很难与店员打成一片,遇到一些顾客投诉,他也总是缺乏耐心,维护好已有的零售药店已经不容易,开发新市场对他来说更是难上加难。他总是想不通,为什么比他晚来一年的同事,每次跑业务都充满热情,刚来一年就涨工资了,都能超额完成销售指标,他开始怀疑自己的业务能力。

② B君,是一家外资医药企业的学术专员,研究生毕业后,已经工作5年了,同期入职的同事都已经辗转去了不同的医药企业,他还一直"留守"在最初的岗位上。公司有时会派他给新入职的人员开展业务培训,他带的几届实习员工都顺利转正了,但一直没给他升职。最近跟前同事聚会时,前同事开始劝他,以他的业务能力和医院的客户资源,跳槽去他所在的医药企业会有更好的发展前途。他开始困惑,是否要跳槽。他认为现在这家公司给的待遇还可以,市场和工作环境都非常熟悉了,销量也非常稳定,做起来得心应手,就是一直不给他升职,去到新的公司需要面临新环境和新市场,但是以他的资历在新公司晋升的机会更多一些,他不知该如何选择。

③ C君,在一家医药批发企业做商务代表工作1年了,前期一直在一线跑市场,跑了4年,对企业销售产品的市场情况非常了解,领导对他也非常信任,会将一些重要的采购工作交给他负责。但是最近他开始觉得工作越来越累,每天不是在出差就是在出差的路上,有时在出差途中需要处理上游供应商的关系和协调下游客户的药品配送问题,每天忙得焦头烂额,甚至最近出现了两次数据信息核对的失误。他觉得这样下去不

行,萌生了想要调回原岗位的念头。

三、实训流程

(一)小组自主探究

① 小组成员先阅读任务背景,提取岗位信息,结合信息搜索并登录招聘网站了解医药企业营销相关岗位名称,讨论并梳理企业常见的医药营销岗位类型;

② 结合招聘网站上提供的医药营销相关岗位的工作职责和基本要求,讨论分析从事相关工作需要具备的职业能力内容;

③ 根据资料中三位销售人员的基本情况,分析其在对应岗位工作中的能力差距或存在的问题,给出职业发展建议。

(二)教师巡回辅导

教师在小组探究期间进行巡回指导,为各组提出的问题提供解决措施,并收集整理共性问题。

(三)分析报告撰写

各小组将医药营销岗位名称和工作职责整理成书面报告,条理清晰地列出不同类型的医药营销岗位需要具备的职业能力和素质。

(四)课上成果汇报

各小组针对实训活动的内容和结论进行课堂PPT汇报,并通过教师点评和小组互评进行评分。

(五)课后实训总结

针对本次实训内容进行总结,梳理相关材料,形成实训任务书。

四、实训评价

实训评价采用过程与结果相结合的形式,考核内容如表1.2.2所示。

表1.2.2 实训评价表

组成	指标	内容	分值/分	得分/分
过程考核 (50分)	实训纪律	严格遵守实训课堂规章制度,不迟到早退	10	
	团队合作	与小组组员共同研究、探讨,完成实训任务	20	
	实训态度	积极主动参与到课堂实训中来,能够听取同学和老师的建议	20	
结果考核 (50分)	分析结果	能够结合药品市场的特点,梳理医药营销相关岗位名称、工作职责及素质能力要求,分析结果全面合理	30	
	成果汇报	能够准确判断背景资料中的医药营销相关工作的类型,给出科学合理的职业发展建议;思路清晰,表达流利	20	

模块二
药品市场营销技能训练

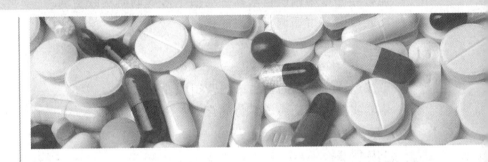

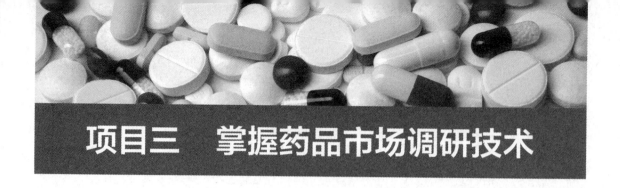

项目三 掌握药品市场调研技术

单元一 设计药品市场调研方案

❖【知识目标】

- 能正确认识市场调研的重要性。
- 能熟练掌握市场调研专业知识。

❖【技能目标】

- 能将药品市场调研技术熟练运用于市场调研实践活动。
- 能完成药品市场调研方案的撰写。

❖【素养目标】

- 形成严谨、认真的药品市场营销职业作风。
- 培养实事求是、一丝不苟的营销工作态度。

▶ 知识导图

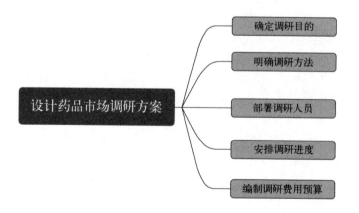

✈ 课前案例导学

据统计，感冒的发病率约为80%，75%的人一年之中至少会患一次感冒，对于感冒等流行病，消费者倾向于到医院就诊或自行购药。2023年，全国感冒药市场规模最大的10个品种中，中成药和化学药各有5个，总共占有全国53%的感冒药销售份额。双黄连、复方氨酚烷胺、酚麻美敏、复方盐酸伪麻黄碱和板蓝根5大品种占了32%的份额。从增长情况看，除了酚麻美敏和氨酚伪麻美芬/氨麻美敏两个化学药品种市场规模同比下降外，其他品种保持增长，其中，双黄连、板蓝根、清开灵和氨酚黄那敏的增长速度快于感冒药的总体增长水平，市场份额不断扩大。由于感冒多发，易治疗，治疗成本低等特性，感冒药领域成为多个跨国大药企在我国的必争之地。因此，对感冒药进行市场调研对药品生产企业和药品经营企业来说显得尤为重要。

> **思考：**
> 如何设计药品市场调研方案？药品市场调研方法有哪些？

 知识学习

药品市场调研，是指针对药品市场进行的系统性研究和分析，旨在了解市场需求、竞争态势、消费者行为等方面的信息。它通过收集、整理、分析和解读大量的数据和信息，为药品研发、生产、销售等环节提供决策依据。进行药品市场调研对于了解市场需求、评估市场潜力、优化资源配置以及提升企业经济效益具有重要意义。

设计药品市场调研方案时，流程包括确定调研目的、明确调研方法、部署调研人员、安排调研进度、编制调研费用预算五个方面。

一、确定调研目的

确定调研目的的过程对于调研工作的成功至关重要。首先，必须明确希望通过调研解决的问题，确保问题具体、明确，并具有可操作性。例如药品市场趋势、消费者购买行为、产品反馈、业务流程优化等。其次，确定调研的范围和边界，明确地理区域、行业领域、时间范围等。最后，确定调研成果产出类型，例如数据报告、市场分析、产品改进建议等。明确的目标产出有助于指导调研设计和后续的数据分析工作。

二、明确调研方法

指取得资料和信息的方法。调研方法的确定要根据研究目的、研究对象、研究资源和时间等因素选择合适的方法，主要分为以下几类。

（一）问卷调查法

这是最常见的方法，通过设计问卷来收集数据。这种方法可以大规模实施，且能快速得到大量数据。

（二）访谈调查法

通过与受访者进行面对面的交流，深入了解他们的观点和想法。这

怎样设计调研问卷？（文本）

种方法可以用于深入了解特定群体的需求和期望。

（三）实地观察法

研究者亲自到现场观察研究对象的行为和环境。这种方法能提供直接、真实的第一手资料，但也可能受到研究者主观因素的影响。

（四）文献调查法

通过查阅已有的文献资料来了解研究主题。这是一种相对快速、方便的方法，但可能受到文献资料准确性和可靠性的影响。

（五）实验法

通过控制某些变量来观察结果的变化，以探究变量之间的关系。这种方法在社会科学和自然科学领域都有广泛应用。

（六）内容分析法

通过分析媒体内容来了解社会现象或趋势。例如，可以分析新闻报道、社交媒体帖子等来了解公众的意见和态度。

（七）焦点小组法

召集一组具有代表性的受访者，就特定主题进行讨论，以了解他们的观点和想法。这种方法在市场调研中常用，但需要注意小组讨论可能受到参与者的相互影响。

（八）案例研究法

通过深入研究特定案例来了解问题或现象的背景和发展过程。这种方法可以提供深入、全面的信息，但需要花费较多的时间和精力。

（九）随机抽样法

从总体中随机抽取一部分样本进行研究。这种方法能保证样本的代表性，但需要足够大的样本量才能得出可靠的结论。

（十）配额抽样法

根据某些标准选取一定数量的样本进行研究。这种方法适用于难以进行随机抽样的情况，但需要注意样本的代表性和偏差问题。

三、部署调研人员

（一）培训调研人员

培训调研人员需要系统地提供一系列知识和技能，以确保他们具备进行高质量调研的能力。

1. 基础理论知识培训

介绍调研的基本概念、原则、方法和程序等。使调研人员对调研设计和数据分析有基础的了解。

2. 专业技能和工具培训

根据调研的具体领域和需求，培训调研人员使用特定的工具和技术。例如，统计学、数据分析软件、调查问卷设计等。

3. 沟通和人际交往能力培训

良好的沟通和人际交往能力对于成功的调研至关重要。包括有效沟通、访谈技巧、倾听技巧、提问技巧等，以使调研人员能够建立良好的关系并获取准确的信息。

4. 道德和法律合规培训

确保调研人员了解并遵守关于数据保护、隐私、伦理等方面的法律和规定。此外，调研人员应了解如何处理敏感和保密信息。

5. 实践经验培训

通过模拟调查案例、角色扮演和实际场景练习等方式，让调研人员在实践中学习和掌握调研技巧。

6. 团队合作和领导能力培训

在许多情况下，调研项目需要团队合作。因此，培训包括团队合作技巧和领导能力的培训，以便调研人员能够有效地与团队成员合作并完成任务。

培训调研人员需要系统地提供基础理论知识和实践技能，同时培养他们在沟通、人际交往、道德法律合规等方面的能力，通过持续学习和实践经验的积累，使其成为合格且专业的调研人员。

（二）明确调研职责

将调研工作细化，确定问卷设计、发放、收集及数据分析的人员分工，明确人员职责，使调研工作有条不紊地进行。

四、安排调研进度

根据调研计划，合理分配时间资源，制定详细的调研进度时间表。需要考虑到每个环节所需的时间，包括准备工作、实地调研、数据整理与分析、报告撰写等。同时，还需要预留一定的机动时间，以应对可能出现的意外情况。

五、编制调研费用预算

调研人员需编制调研费用预算。经费预算应科学、详尽，主要包括印刷费、资料费、差旅费、劳务费等。实际费用可能会因地区、调研活动的复杂性以及所选用的服务提供商的不同而有较大的波动。在实际操作中，应该根据实际情况进行详细的费用估算和管理。

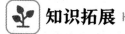 知识拓展

医药市场调研的内容

医药市场调研是一项涵盖范围广泛的研究活动，涉及多个方面的调研内容（表 2.3.1）。

表 2.3.1　医药市场调研的内容

调研内容	含义
市场需求调研	市场需求调研是医药市场调研的核心。了解市场的需求和趋势，对于医药企业制定营销策略、产品研发和投资决策至关重要。具体内容包括：市场需求总量、市场需求结构、消费者购买意愿和行为等
竞争情况调研	竞争情况调研是评估市场竞争格局，了解竞争对手的策略和优劣势的重要手段。主要包括：竞争对手的市场份额、产品线、营销策略、技术实力等
消费者行为调研	消费者行为调研主要研究消费者的购买决策过程，包括消费心理、消费习惯、购买动机等。通过这一调研，企业可以更好地理解消费者需求，优化产品设计，提升营销效果
产品调研	产品调研主要关注产品的性能、品质、价格等方面的信息。通过这一调研，企业可以了解市场对产品的接受程度，分析产品的优劣势，从而对产品进行持续改进
价格调研	价格调研主要研究产品定价策略对市场需求的影响。企业需要了解市场对不同价格区间的接受程度，分析价格与市场需求的关系，从而制定合理的价格策略
销售渠道调研	销售渠道调研主要关注产品的销售渠道和分销策略。通过这一调研，企业可以了解各销售渠道的特点和优劣势，选择合适的销售渠道，提高产品的市场覆盖率
促销活动调研	促销活动调研主要研究各种促销策略对销售的影响。企业需要了解消费者的促销敏感度、竞争对手的促销策略等，从而制定有效的促销方案，提升销售业绩
法律法规调研	法律法规调研是企业合规经营的必要环节。企业需要了解国家法律法规、行业政策等，确保业务运营的合法性，避免法律风险
行业趋势调研	行业趋势调研有助于企业把握行业的发展动态和未来趋势。通过这一调研，企业可以提前布局，应对市场变化，抓住发展机遇

 小结

1. 药品市场调研方案流程包括确定调研目的、明确调研方法、部署调研人员、安排调研进度、编制调研费用预算五个方面。

2. 调研方法包括问卷调查法、访谈调查法、实地观察法、文献调查法、实验法、内容分析法、焦点小组法、案例研究法、随机抽样法、配额抽样法等方法。

单元二　撰写市场调研报告

❖【知识目标】

- 能正确理解市场调研报告的组成部分。
- 能熟练掌握撰写调研报告的流程。

❖【技能目标】

- 能构思出格式规范的调研报告提纲。
- 能撰写出内容完整、条理清晰的调研报告。

❖【素养目标】

- 培养开拓创新、与时俱进的药品市场营销职业思维。
- 培养严谨认真、合规从业的药品市场营销职业态度。

知识导图

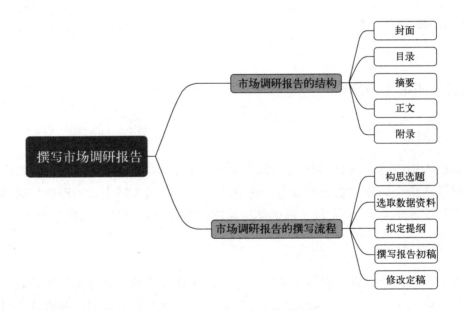

课前案例导学

2023—2024年全球与中国医药电商市场与发展趋势研究报告（节选）

一、全球概况：2027年全球医药电商市场规模有望增至523.3亿美元，未来进入平稳发展阶段

数据显示，2018—2022年全球医药电商市场规模逐年增长，增速放缓，2022年为276.0亿美元，预计2027年将达523.3亿美元。截至2023年第一季度，全球医药电商渗透率较高的国家均为发达国家，其中瑞典医药电商渗透率在全球各国中排名第一，为55.0%。全球医药电商行业已脱离爆发式增长阶段，进入平稳发展期。

二、行业现状：中国医药电商渗透率较低，市场潜能巨大，增速有望提高

数据显示，2022年中国医药电商市场渗透率为14.5%，增长速度迅猛，预计2025年将达18.4%。随着放开网售处方药及一系列政策的颁布，中国医药电商市场将迎来巨大机遇，未来规模将持续增长。从中国医药电商模式来看，B2B模式市场逐渐被第三方交易服务平台抢占，2021年占比降至56.4%。

三、行业趋势：处方药外流、医药分离带来新机遇，供应链数据化、物流标准化促发展

近年来医药分离新政和试点工作不断，药方外流是一大趋势。未来处方药从传统医院销售渠道到零售销售渠道的分流预计将释放千亿级市场，给医药电商带来巨大机遇。随着"两票制"政策的实施，供应链扁平化进程加快，大型药品流通企业市场占有率迅速提升。大中型药品流通企业在医药物流拆零技术、冷链箱周转体系、物流全程可视化信息系统等方面持续优化升级，打造信息化智慧供应链。

> 思考：
> 结合案例，谈一谈现代药品经营企业应如何适应医药电商发展趋势。

 知识学习

一、市场调研报告的结构

（一）封面

调研报告的封面应该包括标题、调研单位名称、提交日期等内容。标题应简明扼要，能够概括整个调研的主题和目的，居中放置，字体大小适中，一般使用黑体或微软雅黑，字号应比正文大2~4号。调研单位名称应写全称，可以注明联系方式。

（二）目录

目录应列出调研报告中的各个章节、小节、附录和参考文献等部分的标题，以及相应的页码。应按照章节、小节等层级进行排序，从小到大依次排列，使得整个目录层次分明、结构清晰。

（三）摘要

摘要是文章主要内容的摘录，要求短、精、完整。主要包括调研目的、调研方法、人员分工、过程安排及调研结果等内容。字数少可几十字，多不超过三百字为宜。

（四）正文

调研报告正文应包括基本情况介绍、调研分析、结论与建议三部分。基本情况介绍即调查对象过去和现在的客观情况，如市场布局和销售情况等。调研分析即对所收集到的数据进行全面的分析，从分析中得出结论性意见。结论与建议部分即在事实分析的基础上得出建设性的意见或建议。

（五）附录

附录即在正文中未提及的调研过程中的各种资料，例如原始统计数据等。

药品市场调研报告提纲（文本）

> 【课堂活动】
> 各小组分别查找一份药品行业市场调研报告，总结报告内容结构。

二、市场调研报告的撰写流程

（一）构思选题

即构思调研报告的主题。调研人员将事先收集到的现有医药市场相关资料进行总结，根据调研目的确定调研主题，报告的题目也要与市场调研的主题一致。

（二）选取数据资料

可以从多种来源获取数据，例如内部数据库、市场研究机构、政府机构、学术研究等，也可以利用问卷调查、实地观察等方式方法。并要根据调研目的，选择合适的数据类型，例如，定量数据或定性数据、结构化数据或非结构化数据等。确保数据的准确性和可靠性，对数据进行清洗和验证，以消除错误和不准确的数据。

（三）拟定提纲

撰写者应根据调研报告主题，从层次上罗列出报告的章节，集中表现出报告的逻辑脉络。可以在每层设置分论点，最后总结概括。

（四）撰写报告初稿

撰写报告初稿需要根据拟定好的提纲，仔细规划和组织内容。在撰写过程中，确保遵循真实性原则，并保持内容清晰、准确和连贯。通过合理安排撰写步骤和结构，可以使报告初稿更加易于阅读和理解，为后续的修改和完善奠定基础。

（五）修改定稿

修改定稿是报告撰写过程中不可或缺的一环，它涉及对报告的各个层面进行细致的调整和完善，以确保报告的质量和准确性。撰写者需要在修改定稿的过程中进行文字校对、语法修改、逻辑梳理、格式调整、图表优化、错别字更正等工作。

知识拓展

大数据分析

  大数据分析在药品市场调研中有着至关重要的应用。一方面，通过收集各大医院诊疗系统、药房销售记录以及线上购药平台的数据，可以精准描绘出不同病症患者的用药偏好、药物使用频率和疗程等情况，了解各类药品在不同地域、年龄、性别群体中的需求差异。例如，分析流感高发季不同地区对特定抗流感药物的采购量变化。另一方面，能监测药品不良反应的数据，从大量的医疗反馈和患者报告中及时发现药品潜在的安全问题和副作用表现，为药品的改进和风险防控提供依据。同时，还可以追踪竞争对手药品的市场占有率变化、营销活动效果等信息，助力药企调整自身的市场策略和研发方向，从而在竞争激烈的药品市场中更好地满足患者需求和占据有利地位。

小结

  1. 医药行业市场调研报告的结构包括封面、目录、摘要、正文、附录五部分。
  2. 市场调研报告的撰写流程为构思选题、选取数据资料、拟定提纲、撰写报告初稿、修改定稿。

牛刀小试

一、选择题

（一）单选题

  1. 通过与受访者进行面对面的交流，深入了解他们的观点和想法，这种方法是（ ）。
   A. 问卷调查法   B. 访谈调查法   C. 实地观察法
   D. 文献调查法   E. 实验法
  2. 主要研究消费者的购买决策过程，包括消费心理、消费习惯、购买动机等，属于（ ）。
   A. 消费者行为调研 B. 产品调研   C. 价格调研
   D. 促销活动调研   E. 法律法规调研
  3. 主要研究产品定价策略对市场需求的影响，属于（ ）。
   A. 消费者行为调研 B. 产品调研   C. 价格调研
   D. 促销活动调研   E. 法律法规调研

4. 下列哪一项不是访问法？（　　）
A. 走访调研　　　　　B. 信函调研　　　　　C. 电话调研
D. 顾客动作观察　　　E. 会议调研

5. 市场调研报告的主体部分是（　　）。
A. 封面　　　　　　　B. 目录　　　　　　　C. 摘要
D. 正文　　　　　　　E. 附录

（二）多选题

1. 设计药品市场调研方案时，流程包括（　　）。
A. 确定调研目的　　　B. 明确调研方法　　　C. 部署调研人员
D. 安排调研进度　　　E. 编制调研费用预算

2. 访谈法的主要形式有（　　）。
A. 面谈　　　　　　　B. 电话访谈　　　　　C. 邮寄询问
D. 视频访谈　　　　　E. 会议访谈

3. 市场调研报告的结构包括（　　）。
A. 封面　　　　　　　B. 目录　　　　　　　C. 摘要
D. 正文　　　　　　　E. 附录

4. 市场调研报告的封面应包括（　　）。
A. 标题　　　　　　　B. 单位名称　　　　　C. 提交日期
D. 章节名称　　　　　E. 调研结论

二、简答题

1. 药品市场调研方法有哪些？
2. 对调研人员进行培训包括哪些方面？

牛刀小试答案

单元实训　我国感冒药市场营销环境调查

一、实训目的

通过对药品市场进行实际调研，使学生具备设计调研方案和撰写调研报告的技能，提高学生的药品市场营销环境调查和分析能力。

二、实训准备

（一）实训分组

1. 6~8人一组，确定组长，实行组长负责制。
2. 在两周内完成相关主题的调研任务。

（二）实训材料

1. 电脑：用于查找资料、设计问卷。
2. 多媒体教室：用于展示调研成果。

（三）背景资料

我国感冒药市场营销环境

感冒是一种常见的季节性多发疾病，我国人口基数大，感冒药具备刚需属性。近年来，流行性感冒发病人数增多带动感冒药需求增长。

根据观研报告网发布的《中国感冒药行业现状深度调研与投资趋势预测报告（2023—2030年）》，从OTC感冒药规模走势来看，2015—2020年我国OTC感冒药市场规模逐年增长，从346.3亿元提升至440.3亿元，2015—2020年复合年均增长率（CAGR）为4.9%。2021年我国OTC感冒药市场规模约为468.4亿元。目前感冒药在中国OTC市场中销售占比约为20%，远高于其他类别的非处方药。

尤其是在药品分类管理以后，OTC市场的竞争也越来越接近于普通商品的竞争，谁越了解顾客，越接近顾客，谁就能赢得顾客的信任，就能赢得市场。

假如你是调研人员，请你在目前的市场背景下，对感冒药的市场营销环境做一个调查，为企业决策提供有力依据。

三、实训流程

以小组为单位，将调研事项安排填入表2.3.2中。

表 2.3.2　调研事项安排

调研流程	时间安排	完成人
设计调研方案		
正式实施调研		
搜集分析数据		
撰写调研报告		
制作PPT，进行成果展示		

四、实训评价

实训评价采用过程与结果相结合的形式，考核内容如表2.3.3所示。

表 2.3.3　实训评价表

组成	指标	内容	分值/分	得分/分
过程考核（50分）	实训纪律	严格遵守实训课堂规章制度，不迟到早退	10	
	团队合作	与小组组员共同研究、探讨，完成实训任务	20	
	实训态度	积极主动参与到课堂实训中来，能够听取同学和老师的建议	20	
结果考核（50分）	调研实践	过程完整，有具体详细的记录	15	
	调研报告	报告结构完整，内容翔实	15	
	成果汇报	汇报内容全面、准确，思路清晰，表达流利	20	

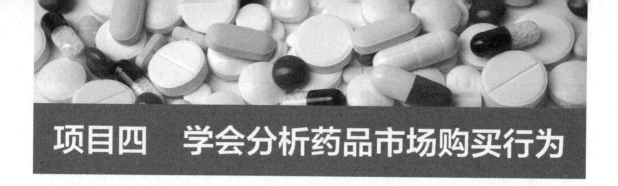

项目四　学会分析药品市场购买行为

单元一　分析药品消费者购买行为

◆【知识目标】

- 能正确理解药品消费者购买行为的特点和影响因素。
- 能熟练掌握"5W1H"分析法的内容。

◆【技能目标】

- 能熟练运用"5W1H"对消费者购买药品进行分析。
- 能判断影响消费者药品购买行为的因素。

◆【素养目标】

- 培养严谨细致的药品市场营销职业态度。
- 树立科学消费观念，培养市场营销思维。

▶ 知识导图

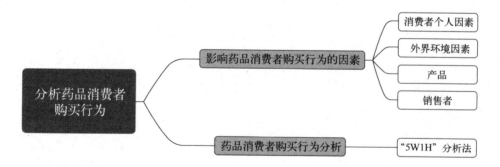

✈ 课前案例导学

老王，男，56岁，无病史，无药物过敏史，患痛风5年。一天，老王来到某药店，进店对药师A说："帮我拿一盒双氯芬酸钠缓释片，我儿媳妇说可以的。"老王拿到药后就到收银台结账了。

这时药师B马上来到收银台问顾客："大哥您好，请问这个药是您自己用还是家里人用呢？"老王说自己用。药师B紧接着问道："你为啥用这个药呢？是你关节痛还是哪里不舒服？"老王说："我有一点痛风，关节有点痛，别人说用点止痛药就可以。"药师B说："是的，这个药的确对于关节痛是有效果的。大哥我可以看看您的舌苔吗？"

经过问询，药师B分析顾客是脾肾阳虚。药师B问："您平常大便是不是有点黏马桶，吃了冷的东西肠胃就不好了，冬天比别人穿得多？"老王回答是的。药师B说："您有痛风，平常一定要注意生活饮食习惯，不要喝啤酒吃海鲜和豆腐之类的东西，咱们痛风就要改变自己不好的习惯。大哥你这个痛风就是因为你平常没有注意，所以才这样的，你这是脾肾阳虚引起的，因为你脾湿重了，肾阳不足无法把体内的湿气排出体外，就像你身体里面少了一个小太阳。"

老王说："你这么说我就懂了，我现在家里还有别嘌醇、非布司他，都可以吃吧。"药师B说："可以的，但是这些西药不能吃太多，对咱们的肝肾功能影响很大的，副作用也有。"老王问："那我应该吃什么呢？"药师B说："你家里有药就吃着，不过我建议你适当补充一点氨糖软骨素加B族维生素。因为氨糖软骨素可以保护咱们的关节、修护软骨，B族维生素可以减少药物的副作用。"

药师B跟老王沟通了一会儿，老王说："听你的，你看着办，我今天就相信你了，看你说得那么专业，我去医院看医生都没有你说得详细。"药师B回答道："感谢您对我的信任，您的健康才是我最大的荣幸，以后您身边有需要调理的朋友都可以叫他们过来。"

经过沟通，药师B给老王配了"氨糖软骨素＋B族维生素＋2盒痛风舒＋双氯芬酸钠缓释片"。

> **思考：**
> 案例中老王的购买行为受到哪些因素的影响？如果你是药店药师，你将如何进行产品推销？

知识学习

药品消费者购买行为是指药品消费者在一定的购买动机驱使下，为了满足某种需求而购买药品或服务的活动过程。因此，学会分析药品消费者购买行为对于深入了解消费者的需求、制定药品营销策略以及预测市场趋势都具有重要意义。

一、影响药品消费者购买行为的因素

影响药品消费者购买行为的因素有多种，主要包括消费者个人、产品、销售者以及外界环境因素等（图2.4.1）。有针对性地分析影响药品消费者购买行为的因素，对于准确进行药品营销、满足消费者需求、推动药品市场以及药品企业的发展有着重要意义。

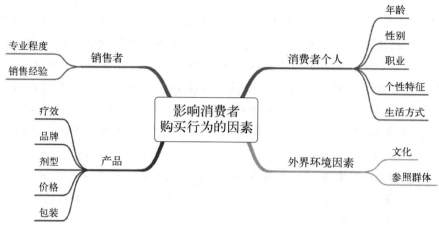

图 2.4.1 影响消费者购买行为的因素

（一）消费者个人因素

影响药品消费者购买行为的个人因素有年龄、性别、职业、个性特征及生活方式等。

1. 年龄

消费者购买药品行为会随着年龄的增长发生变化。在婴幼儿阶段，儿童专用药品占据主导地位，例如小儿氨酚黄那敏颗粒、小儿止咳糖浆等。中年阶段，治疗药品是消费者亟须的。而在老年阶段，预防保健药品和疾病治疗药品占据重要地位，例如维生素类、氨基酸类药品等。

2. 性别

由于男女性在社会中存在角色差异和经济差异，他们的药品购买决策也存在差异。目前医药市场中很多产品是按照消费者的性别来进行营销的，例如针对女性消费者治疗痛经的药品。

3. 职业

不同的消费者由于职业环境、工作内容等因素，所表现出的药品消费决策存在着明显的差异。社会上的不同职业，像医生、教师、律师、工程师及办公室文员等都有着不同的药品消费决策，例如教师倾向于选择保护嗓子的药品，办公室文员倾向于选择缓解关节疲劳的药品。

4. 个性特征

个性特征是指人的多种心理特点的一种独特的结合，是个体经常、稳定地表现出来的心理特点。个性特征有外向与内向、独立与依赖、细腻与粗犷等不同的类型，药品购买决策也与消费者个性特征息息相关。比如，依赖性强的消费者更倾向于相信广告宣传和药店导购，从而购买知名度高的产品。

5. 生活方式

消费者有着类型多样的生活方式，比如节俭、奢华、守旧、创新等，生活方式的不同影响着消费者的药品购买决策。医药营销人员应着重研究产品与拥有不同生活习惯人群的关系，才能掌握消费者药品购买心理。

（二）外界环境因素

消费者都是社会中的一员，不可避免地会受到外界环境因素的影响。影响药品消费者购买行为的外界环境因素有文化因素以及参照群体等。

1. 文化因素

不同的人群在独特的社会文化环境中成长，在潜移默化的过程中形成了基本的文化观念。当前社会，文化差异对于消费者的药品购买行为有着深刻的影响。因此，医药营销人员需要知晓消费者的文化价值观念影响药品购买行为的特征。

2. 参照群体

参照群体是指能够对消费者药品购买行为产生影响的群体，可以分为直接群体和间接群体。家庭成员、朋友、同事等与消费者直接接触的群体为直接群体，专业协会、宗教及各类社会组织等与消费者不经常接触的群体为间接群体。

对于药品购买者来说，医务人员及患者自发成立的组织为影响消费者购买行为的最重要的参照群体。医药营销人员必须重视这两类群体对于消费者购买行为的影响，比如可以举办学术会议，宣传医药学动态等。

> 【课堂活动】
> 就某个产品组织一次医药学术会议，进行新药推广，讨论确定会前准备、会中组织和会后跟进相关内容。

（三）产品

在社会上流通的药品产品多种多样，即使是一种药物也有不同的品牌和剂型，故产品本身的因素也影响着药品消费者购买行为，主要包括产品的疗效、品牌、剂型、价格和包装等。

1. 疗效

药品的疗效是消费者购买决策中的关键因素。药品作为一种特殊商品，其最核心的功能是治疗疾病，缓解症状，提高生活质量。因此，疗效是消费者购买药品时最关心的问题之一。此外，药品的疗效对消费者忠诚度也有显著影响。如果消费者使用某种药品后发现其疗效显著，他们很可能再次购买这种药品。然而，如果药品的疗效不佳，甚至无效，那么消费者可能会停止购买该药品，甚至会向有关部门投诉。

2. 品牌

品牌知名度高的药品更容易获得消费者的关注和认可。在药品选择过程中，消费者往往会选择自己熟悉的品牌，因为他们对这些品牌的药品疗效、安全性等方面有更高的信任度。为了提高品牌知名度和美誉度，药品营销人员应加强品牌传播，建立良好的品牌形象，以提高消费者的信任度和忠诚度。

3. 剂型

药品剂型对药品消费者购买行为的影响也是不可忽视的。药品剂型是指药品的制剂形态，如片剂、胶囊、注射液等。不同的剂型可以影响药品的疗效、使用便利性和患者的接受度，从而影响消费者的购买行为。消费者在选择药品时，会考虑剂型的便利性和使用体验。例如，方便携带和服用的剂型如片剂和胶囊更容易受到消费者的青睐，而需要冷藏或特殊保存的剂型则可能不太方便，从而影响消费者的购买决策。因此，医药营销人员应加强产品说明和宣传，帮助消费者更好地了解不同剂型药品的特点和使用方法，促进消费者的合理用药。

4. 价格

药品价格将直接影响到消费者的购买决策。一般情况下，如果药品质量相同而价格不同，价格低的药品更能吸引消费者的注意。尤其在面对一些价格较高、疗效需求不那么迫切的药品时，消费者往往会选择价格更为合理的药品。

5. 包装

药品包装起着保护药品、吸引消费者、提高产品形象等作用。药品包装上的标签、说明书和图案等可以向消费者提供关于药品的详细信息，如成分、剂量、使用方法、生产日期等。这些信息对于消费者来说至关重要，因为它们有助于消费者了解药品的特性和功效，从而做出更明智的购买决策。精美的包装和独特的设计可以吸引消费者的眼球，引起消费者的兴趣和好奇心，从而增加他们购买该药品的可能性。同时，包装上的宣传语和品牌标识等也可以提高消费者对药品品牌的认知度和信任度，从而促进消费者的购买行为。

【素养园地】

2020年7月，药品监管部门监测发现，天津市某有限公司生产的口服药小败毒膏出现聚集性不良反应信号。天津市药监局立即对涉案批次药品采取风险控制措施，并深入开展调查。经查，该公司在生产小败毒膏过程中，误将生产外用药的原料颠茄流浸膏用于该涉案批次小败毒膏生产，导致所含成分与国家药品标准规定不符。涉案批次药品共10980盒，货值金额91591.5元。调查中研判认为，现有证据不足以证明该公司具有生产假药的主观故意性，由药品监管部门依法处理。2021年7月，天津市药监局根据《药品管理法》第九十八条第二款第一项规定，认定涉案批次药品为假药；依据《药品管理法》第一百一十六条、第一百一十八条、第一百三十七条第四项等规定，处以该公司没收涉案药品、没收违法所得5625.5元、责令停产停业整顿、罚款300万元的行政处罚，处以该公司法定代表人没收违法行为发生期间自本单位所获收入1万元、罚款3万元、终身禁止从事药品生产经营活动的行政处罚。2022年2月，国家药监局依据《药品管理法》第一百一十六条规定，吊销该产品的药品批准证明文件。

药品质量安全对患者的安全有着重要的意义。如果药品的质量不合格，轻者可能会导致药品药效低下、不良反应加重，重者则导致药物中毒等，从而影响患者的治疗效果，甚至危及患者的生命安全。因此，我们一定要树立质量第一的意识，保证药品的质量安全。只有这样，药品才能取得消费者的信赖，从而保障人民的身体健康。

（四）销售者

销售者在药品销售的过程中直接与消费者进行交流，其专业能力以及销售经验关系着消费者的购买行为。

1. 专业程度

消费者在购买药品时，往往希望得到专业的建议和指导，这是因为药品是直接涉及健康的商品，消费者对于药品的品质、效果、安全性等方面都有较高的关注。如果销售者具备足够的专业知识，能提供客观、准确的解答，会极大地增强消费者的信任感，从而影响消费者的购买决策。医药营销人员需要不断提高自身的专业水平，以更好地服务消费者。

2. 销售经验

销售经验丰富的销售者更懂得如何运用销售策略，如针对不同消费者采取不同的推销方式，以促进消费者的购买意愿。他们还能够根据市场变化和消费者需求调整销售策略，提高销售效果。此外，销售经验丰富的销售者通常能提供更好的服务质量，包括售前咨询、售后服务等，快速解决消费者的问题和纠纷，提高消费者的满意度，从而赢得消费者的信任和忠诚度。

> 【课堂活动】
> 分组讨论：如果你是某药店的药品销售人员，你将如何从自身提升药品销售推广水平？

二、药品消费者购买行为分析

医药市场营销人员在分析药品消费者购买行为时，主要围绕着"5W1H"原则开展分析工作，即Who（购买主体），Why（为何购买），What（购买什么），When（何时购买），Where（在哪里购买），How（如何购买），如图2.4.2所示。

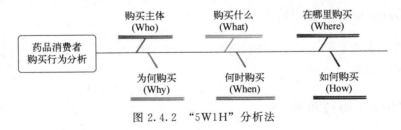

图2.4.2 "5W1H"分析法

（一）Who（购买主体）

药品购买主体分为决策者和购买者，两类主体有明显的不同。决策者，即对是否购买、如何购买、为何购买等购买决策做出决定的人。购买者即实际去购买的人。

> 【课堂活动】
> 判断表2.4.1中药品购买行为的决策者和购买者。

表 2.4.1 药品购买行为的决策者和购买者

购买过程	决策者	购买者
小王感冒，到药店购买感冒药		
老王到药店购买保健品，药店工作人员推荐购买蛋白粉		
小李嗓子嘶哑，购买金鸣片		
老赵有胃炎，医生开具处方		
老周听同事说某款保健品不错，让儿子到药店购买		

（二）Why（为何购买）

为何购买（Why）是对消费者购买欲望和动机的原因分析，是指消费者购买商品的初始原因和原动力。有些药品购买的原因是治疗疾病，而有些则是进行预防。因此，分析不同情况下消费者购买的动机，可以帮助市场营销人员更好地了解消费者的需求，并开发相应的营销策略。

（三）What（购买什么）

消费者购买药品的需求与年龄、性别、个性、职业和生活方式相关。因此，医药营销人员不仅要熟知药品特点、提供药学服务，还要洞悉消费者购买药品的过程中最关心的内容。比如药品价格、疗效、品牌等，将药品特征与消费者需求充分结合。

（四）When（何时购买）

一般情况下，消费者购买药品为突发性购买，即生病之后购买，此种情形是难以预测的。但是药品消费有季节性趋势，比如在夏季，消费者倾向于购买藿香正气水、清凉油、驱蚊剂等。医药营销人员掌握消费者购买药品的时间规律，可以提前做好人员、药品及营销活动的准备。

（五）Where（在哪里购买）

即消费者购买药品的地点。我国药品消费者购买的地点主要在医院和药店，其中药店可选择线下门店和网上药店。

（六）How（如何购买）

即消费者购买药品的方式，可分为现金支付、医保支付、微信支付、支付宝支付、刷卡以及组合支付等。

 知识拓展

"5W1H"分析法

1932年，美国政治学家拉斯维尔提出"5W分析法"，后经过人们的不断运用和总结，逐步形成了一套成熟的"5W+1H"模式。"5W1H"分析法也叫六何分析法，是一种思考方法，也可以说是一种创造技法，在企业管理和日常工作生活和学习中得到广泛的应用。"5W1H"分析法为我们提供了科学的工作分析方法，常常被运用到制订计划草案上和对工作的分析与规划中，并能使我们提高效率和有效地执行工作。

丰田汽车公司前副社长大野耐一曾举了一个例子来找出设备停机的真正原因。

问题一：为什么机器停了？

答案一：因为机器超载，保险丝烧断了。

问题二：为什么机器会超载？

答案二：因为轴承的润滑不足。

问题三：为什么轴承会润滑不足？

答案三：因为润滑泵失灵了。

问题四：为什么润滑泵会失灵？

答案四：因为它的轮轴耗损。

问题五：为什么润滑泵的轮轴会耗损？

答案五：因为杂质跑到里面去了。

经过连续五次不停地问"为什么"，才找到问题的真正原因和解决的方法，在润滑泵上加装滤网。

如果没有使用"5W1H"的方法发掘问题，很可能只是更换保险丝，真正的问题却没有解决。

 小结

1. 影响药品消费者购买行为的因素包括消费者个人、产品、销售者以及外界环境因素等。

2. 医药市场营销人员在分析药品消费者购买行为时，主要围绕着"5W1H"原则开展分析工作。

单元二　分析药品零售企业采购行为

❖【知识目标】

- 能正确理解药品零售企业的购买模式和影响因素。
- 能熟练掌握不同类别药品零售企业采购行为的特点。

❖【技能目标】

- 能针对药品产品开展采购业务咨询。
- 能准确判断影响药品零售企业药品采购的因素。

❖【素养目标】

- 培养开拓创新、与时俱进的药品市场营销职业思维。
- 培养严谨认真、合规从业的药品市场营销职业态度。

知识导图

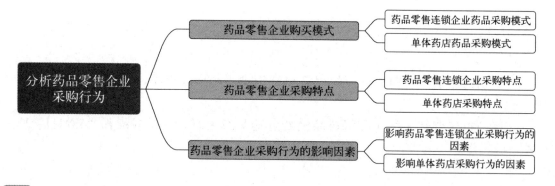

课前案例导学

喹诺酮类抗生素起源于 1960 年，1964 年第Ⅰ代药品萘啶酸上市，1979 年第Ⅱ代药品吡哌酸上市。第Ⅲ代喹诺酮陆续在 20 世纪 80～90 年代上市。这类药物引入了氟原子，大大提高了生物利用度，延长了半衰期，抗菌活性与抗菌谱都有很大改善，对革兰氏阴性菌、革兰氏阳性菌，甚至支原体、衣原体、军团菌均有疗效，其中环丙沙星和左氧氟沙星是这两个年代的代表性药物，临床使用非常广泛。

1999 年拜耳的拜复乐（盐酸莫西沙星片）上市了，该化合物在结构上引入了甲氧基，在原有的抗菌谱上增加了对革兰氏阳性菌和厌氧菌的作用。盐酸莫西沙星片的临床应用仅限于敏感菌所致的呼吸道感染，如慢性支气管炎急性发作、社区获得性肺炎，急性鼻窦炎等。2002年12月，拜复乐片剂在中国上市，并没有带来什么意外惊喜，业务员按照处方说明书的适应证进行推广，整个2003年销售额仅1900万元。

2004年初，拜耳公司为了迎接注射液的上市，专门成立了独立的抗生素销售队伍，而且还从别的公司挖来了2个产品经理，使市场部专门管理拜复乐的人员扩充到了3人。这3个人都有高超的专业背景，更在不同的外企有过相关经验，因此，业务能力是不容置疑的。于是，拜复乐注射剂上市后12个月的销售额猛增为1亿元。

> **思考：**
> 案例中拜复乐片剂和注射剂的销量受到哪些因素的影响？如果你是医药营销人员，你将如何进行产品推销？

 知识学习

药品零售企业分为两类，即药品零售连锁企业和单体药店。药品零售连锁企业是指由总部、配送中心和若干个门店构成的药品零售企业，单体药店是指只拥有一家门店的药店，属于单店经营模式。相比连锁药店，单体药店在数量上占比较小，但经营灵活，可以根据市场需求快速调整经营策略。

一、药品零售企业购买模式

（一）药品零售连锁企业药品采购模式

药品零售连锁企业一般采用的是集中购买模式，即依据采购计划和库存情况，面向一家供应商购买所需药品。根据采购渠道的不同，可分为以下两种方式：

1. 药品生产企业采购

零售连锁企业直接从生产企业采购的药品价格相对较为低廉，但是同一家药品生产企业能够供应的品种单一，零售连锁企业需进行多家采购，程序较为烦琐。

2. 药品批发企业采购

与直接从生产企业采购相比，药品零售连锁企业经批发企业采购的药品品种较多，但单价通常会提高。

（二）单体药店药品采购模式

单体药店通常经由药品批发企业进行采购，在药品采购方面具有计划性、灵活性和规范性。在选择供应商时，可以充分考虑供应商的资质、产品质量、价格、服务等因素，从而选择具有合法资质、产品质量可靠、价格合理、服务周到的供应商。

> **【课堂活动】**
> 查找学校附近的零售连锁药店和单体药店。

二、药品零售企业采购特点

（一）药品零售连锁企业采购特点

药品零售连锁企业作为药品流通的重要环节，其采购活动具有自身的独特性。

1. 采购规模较大

药品零售连锁企业通常拥有众多门店，采购规模较大。通过集中采购，企业能够以更低的价格获得更多的商品，实现规模经济效益。此外，规模采购还能提高企业与供应商的谈判地位，为企业争取更有利的采购条件。

2. 质量保证优先

药品的质量直接关系到消费者的健康和生命安全，因此药品零售连锁企业在采购过程中将质量保证放在首位。企业对采购的药品进行质量检验和控制，确保所采购的药品符合国家法律法规和行业标准的要求。

3. 品牌选择集中

药品零售连锁企业在采购时常选择知名品牌和质量可靠的药品，有助于提高企业的信誉和消费者满意度。同时，通过集中采购知名品牌的药品，企业能够更好地控制产品质量和供应链风险。

4. 成本控制严格

药品零售连锁企业根据市场需求和门店销售数据制订合理的采购计划，优化库存管理，降低库存成本，同时与供应商进行有效的价格谈判，降低采购成本。此外，注重物流成本的优化，提高物流效率。

（二）单体药店采购特点

1. 规模和采购量小

单体药店相较于连锁药店而言，规模较小，采购量也相对较小。由于单体药店的药品销售量有限，因此在采购过程中无法享受规模采购带来的成本优势。这使得单体药店在采购过程中需要更加注重成本控制和采购策略的制定。

2. 采购种类多且杂

单体药店为了满足不同患者的需求，通常需要经营多种药品，且品种相对较为分散。这导致单体药店在采购过程中需要处理更多种类的药品，增加了采购的复杂性和工作量。

3. 采购决策简单

与大型连锁药店相比，单体药店的采购决策过程相对简单。通常来说，单体药店的采购决策主要由药店经理负责，决策过程较为快速且灵活。然而，这种简单的采购决策过程也可能因为缺乏专业知识和经验，从而影响采购的合理性和效益。

4. 采购渠道多样

为了获得更多的供应商选择和降低采购成本，单体药店通常会通过多种渠道进行采购。包括直接从批发企业采购，进行多家比价，或者从线上平台进行采购等。

【课堂活动】
总结零售连锁药店和单体药店采购模式的优缺点。

三、药品零售企业采购行为的影响因素

（一）影响药品零售连锁企业采购行为的因素

青岛医保城药品
采购影响因素
（文本）

1. 供应商因素

药品零售连锁企业在选择供应商时，首先要考虑供应商的资质和信誉。供应商需要具备相应的药品生产或经营许可证等资质，并有良好的信誉记录，能够保证所供应药品的质量和合法性。此外，供应商提供的药品价格、交货和配送能力、售后服务和支持等因素都会影响采购行为。

2. 企业采购策略

药品零售连锁企业的采购策略，包括价格策略、质量策略、库存策略等。合理的采购策略可以帮助企业优化资源配置，降低成本，提高运营效率。

3. 消费者因素

消费者因素包括消费者购买药品的消费特点、种类偏好、地区文化、心理因素等。

（二）影响单体药店采购行为的因素

除了提供专业的药学服务之外，单体药店开设的初衷还包括获取相应的利润。因此影响单体药店采购行为的因素主要是药品利润。另外，药店负责人因素、供货商因素及消费者因素也会产生或多或少的影响。

 知识拓展

2023 年中国药品流通行业零售企业销售总额前二十强名单见表 2.4.2。

表 2.4.2　2023 年中国药品流通行业零售企业销售总额前二十强名单

排序	公司名称
1	国药控股国大药房有限公司
2	大参林医药集团股份有限公司
3	老百姓大药房连锁股份有限公司
4	益丰大药房连锁股份有限公司
5	一心堂药业集团股份有限公司
6	中国北京同仁堂(集团)有限责任公司
7	健之佳医药连锁集团股份有限公司
8	漱玉平民大药房连锁股份有限公司
9	好药师大药房连锁有限公司
10	上海华氏大药房有限公司

续表

排序	公司名称
11	河南张仲景大药房股份有限公司
12	重庆和平药房连锁有限责任公司
13	四川正和祥健康药房连锁有限公司
14	上海医药大健康云商股份有限公司
15	柳州桂中大药房连锁有限责任公司
16	德生堂医药股份有限公司
17	江西黄庆仁栈华氏大药房有限公司
18	瑞人堂医药集团股份有限公司
19	深圳市南北药行连锁有限公司
20	河北华佗药房医药连锁有限公司

 小结

1. 药品零售连锁企业采用的是集中购买模式，可从药品生产企业和药品批发企业采购；单体药店经常从药品批发企业采购。

2. 药品零售连锁企业采购具有采购规模较大、质量保证优先、品牌选择集中及成本控制严格等特点，单体药店采购具有规模和采购量小、采购种类多且杂、采购决策简单及采购渠道多样等特点。

3. 影响药品零售企业采购行为的因素有供应商、消费者、竞争者等因素。

单元三　分析药品批发企业采购行为

◆【知识目标】

- 能正确理解药品批发企业的购买模式。
- 能熟练掌握药品批发企业采购行为的特点。

◆【技能目标】

- 能根据药品批发企业采购行为的特点进行产品介绍。

◆【素养目标】

- 增强紧密配合、有效沟通的团队意识。
- 培养严谨认真、合规从业的药品市场营销职业态度。

知识导图

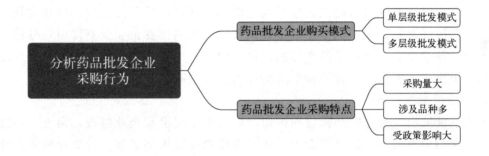

课前案例导学

药都惠药业有限公司始建于 2017 年，是一家综合性的大型药品集中采购、供应公司。公司以互联网大数据技术为依托，创立了全国第一个也是规模最大的药品流通大数据管理的互联网电子商务平台。该平台自创立以来，以"最实惠的价格和最实在的服务打造一流药业品牌"为使命，坚持"百分百销售服务，百分百顾客满意，百分百诚实守信"的企业理念，践行"'药都'之珍、普'惠'于民"企业精神，一直致力于打造"快速、持续、稳健成长发展，具有一流创新性药业企业"。

短短几年时间，该公司形成了以新药品牌建设与推广、药品供应链管理、药品全流通互联网技术应用开发、智慧药房管理系统开发与落地四大业务板块为主体，以总部各职能、服务部门为系统支撑，各地分子公司、药店、合作渠道商高效协同的医药价值链体系，正坚定不移朝着"建设世界一流药品流通企业"的战略目标坚实迈进。

> **思考：**
> 案例中药都惠药业有限公司以互联网为依托，创立了药品流通大数据管理的互联网电子商务平台。该类药品批发企业的采购模式和特点是什么呢？与药品零售企业有何不同？

知识学习

药品批发企业是指将购进的药品销售给药品生产企业、药品经营企业（医疗机构的药品经营企业），是医药流通行业的重要组成部分，对于保障药品供应、保证药品质量、维护人民健康具有重要意义。

一、药品批发企业购买模式

根据药品从医药生产企业到医药零售终端中间流通环节涉及的批发企业层级数量，医药批发行业的经营模式主要分为单层级批发模式和多层级批发模式两种。具体如下：

1. 单层级批发模式

单层级批发模式是指药品由上游医药生产供应商供应产品至医药批发企业，然后由医药批发企业供应至各级门店或医疗机构等终端。其特点是对终端的掌控能力强，毛利率要高于多层级批发模式。但单层级批发模式下，医药批发企业要直接面对分散的终端客户，对服务的要求较高，尤其在非招标市场中，客户的分散性与多样性对批发配送能力和服务质量要求更高，因此该种模式的进入壁垒较高。

2. 多层级批发模式

多层级批发模式是指医药批发端内由两层甚至多层批发企业组成，由上一层批发企业将产品逐层销售给下一层批发企业，而不直接销往零售终端客户的商业模式。部分企业终端集采业务主要客户为单体药店、小型连锁药店等零售终端，下游群体与代理业务相同，均属于医药零售终端，但终端集采业务为保证客户全品类产品需求，其上游供应商主要为全国范围内的医药批发企业，因此属于多层级批发模式。

> **【课堂活动】**
> 总结对比药品批发企业两类购买模式的优缺点。

二、药品批发企业采购特点

药品批发企业作为医药流通中的重要环节，其采购药品的特点主要表现在以下几个方面：

1. 采购量大

药品批发企业通常需要采购大量的药品，以满足其下游客户的需求，包括医院、诊所、药店等。采购量大的特点使得药品批发企业在与供应商的谈判中具有更大的议价能力。

2. 涉及品种多

药品批发企业采购的药品品种繁多,包括中药、西药、医疗器械、试剂等。每种药品都有不同的规格、剂型、包装等,使得采购过程更加复杂。

3. 受政策影响大

药品行业政策调整频繁,如国家集采、医保目录调整等。这些政策调整对药品批发企业的采购策略和经营状况会产生重大影响。药品批发企业则需要随时关注政策动向,调整采购策略,以确保经营的持续性和稳定性。

【素养园地】

百年老字号"同仁堂"传承传统中医药文化

从神农尝百草到扁鹊望闻问切再到华佗五禽戏,从《黄帝内经》到《伤寒杂病论》再到《本草纲目》,在悠久漫长的历史长河中,东方中医药文化一直散发着不朽的光芒,形成了以"天人合一"的整体观念和阴阳五行为基础理论的"辨证论治"。北京同仁堂一直以传承中医药文化为己任,坚守着东方中医药这方宝贵财富。

北京同仁堂,从350多年前一间小小的药室,一路走来,现今已是一家拥有7个子集团和多家直属子公司、2400多家零售终端和医疗机构的享誉中外的"中华老字号"。北京同仁堂拥有同仁堂中医药文化、传统中药材炮制技艺、安宫牛黄丸制作技艺3个国家级非物质文化遗产项目和一批市级、区级"非遗"项目,有国家、市、区三级非物质文化遗产代表性传承人37位,同仁堂中医大师41位,中药大师8位,特技传承师20位。

如今迈入新时期,同仁堂坚持文化传承,发挥好中医药独特优势,继承好、利用好、发展好中医药文化,为守护人民健康贡献力量。

知识拓展

2023年药品批发企业主营业务收入前十位公司及其收入见表2.4.3。

表2.4.3 2023年药品批发企业主营业务收入前十位

排序	公司名称	主营业务收入/万元
1	中国医药集团有限公司	55289624
2	上海医药集团股份有限公司	23190312
3	华润医药商业集团有限公司	18222111
4	九州通医药集团股份有限公司	14028203
5	重药控股股份有限公司	6765718
6	南京医药股份有限公司	5007409

续表

排序	公司名称	主营业务收入/万元
7	广州医药股份有限公司	4923329
8	深圳市海王生物工程股份有限公司	3783486
9	华东医药股份有限公司	3771459
10	中国医药健康产业股份有限公司	3759265

小结

1. 药品批发企业购买模式主要分为单层级批发模式和多层级批发模式两种。
2. 药品批发企业药品采购主要有采购量大、涉及品种多及受政策影响大等特点。

牛刀小试

一、选择题

（一）单选题

1. 下列属于影响消费者药品购买行为的个人因素的是（　　）。
   A. 个性特征　　　　B. 产品品牌　　　　C. 产品剂型
   D. 文化　　　　　　E. 参照群体

2. 教师购买保护嗓子的药品，办公室文员购买缓解关节疲劳的药品，这反映了影响消费者药品购买行为的哪个因素？（　　）
   A. 产品　　　　　　B. 职业　　　　　　C. 参照群体
   D. 文化　　　　　　E. 销售者

3. 小王在朋友的推荐下购买了 A 药品，这反映了影响消费者药品购买行为的哪个因素？（　　）
   A. 产品　　　　　　B. 职业　　　　　　C. 参照群体
   D. 文化　　　　　　E. 销售者

4. 下列哪一项不是药品包装所起的作用？（　　）
   A. 保护药品　　　　B. 吸引消费者　　　C. 提高产品形象
   D. 标识信息　　　　E. 增强疗效

5. 医药营销人员掌握消费者药品购买的时间规律，提前做好人员、药品及营销活动的准备。这一行为是遵从了"5W1H"分析法的（　　）。
   A. Where　　　　　B. What　　　　　　C. When
   D. Who　　　　　　E. How

6. 药品零售连锁企业不能从下列哪一项进行药品采购？（　　）
　A. 医疗机构药房　　B. 药品批发企业　　C. 药品生产企业
　D. 医药代理商　　　E. 医药批发商

（二）多选题

1. 药品消费者购买行为的"5W1H"包括（　　）。
　A. Where　　　　　B. What　　　　　　C. When
　D. Who　　　　　　E. How
2. 药品零售企业包括（　　）。
　A. 医疗机构药房　　B. 药品零售连锁企业　C. 单体药店
　D. 医药代理商　　　E. 医药批发商
3. 影响消费者药品购买行为的因素包括（　　）。
　A. 产品疗效　　　　B. 消费者职业　　　　C. 参照群体
　D. 销售者专业程度　E. 产品价格
4. 药品剂型是影响消费者药品购买行为的因素之一，以下属于固体制剂的是（　　）。
　A. 片剂　　　　　　B. 酊剂　　　　　　　C. 醑剂
　D. 散剂　　　　　　E. 胶囊剂
5. 影响药品零售连锁企业采购行为的因素包括（　　）。
　A. 供应商信誉　　　B. 企业价格策略　　　C. 地区文化
　D. 消费者消费习惯　E. 药品质量

二、简答题

1. 药品零售连锁企业购买行为的特点和影响因素有哪些？
2. 社会文化因素如何影响消费者的药品购买行为？
3. 药品包装所起的作用有哪些？
4. 简述"5W1H"分析法的内容。

三、案例分析题

青岛医保城药品连锁有限公司药品采购模式

青岛医保城药品连锁有限公司成立于2003年，是一家经营中西成药、中药饮片、参茸贵细、医疗器械、消杀用品、健康食品、保健品、化妆品、眼镜等的大型医药零售连锁企业。

公司副总经理位强表示，公司最常见的采购模式是从商业公司采购。它较为传统且易于操作，一般情况下，通过商业公司的一站式采购，能获得齐全的销售品类。而且商业公司的配送能力较强，有助于提高采购效率。但是这种采购模式也存在一定的弊端：从商业公司采购的药品价格中往往包含了配送费用，这往往会限制价格优势。此外，连锁药店与生产企业之间的联系可能不够紧密,导致增值服务不足,以及畅销产品的供应不稳定,容易发生缺货情况。

此外,集团还会从生产企业直接采购。这种模式可以减少中间商环节,节省配送成本,并有可能获得比商业公司更好的价格。直接与生产企业合作还增加了双方之间的黏性和增值服务的提供。

问题:

1. 结合案例,总结医保城两种采购模式的优劣势。
2. 药品零售连锁企业采购行为的影响因素都有哪些?

牛刀小试答案

单元实训　分析消费者药品购买行为

一、实训目的

围绕"5W1H"分析方法对背景资料进行全面分析,判断影响消费者药品购买行为的因素,深入剖析消费者购买行为,全面提升学生的市场营销学习分析能力。

二、实训准备

(一)实训分组
6~8人一组,确定组长,实行组长负责制。
(二)实训材料
教师提前打印好背景材料,按照序号进行排序。
(三)背景资料

非处方药市场消费者行为分析

随着新的医疗保险办法的实施,药品分类管理办法的出台,非处方药品目录的公布,患者自主治疗意愿的增加,大量零售药店出现了,消费者从公开渠道及充足货源里购买非处方药物的机会大大增加,药品零售额快速增长,非处方药市场充满机遇。越来越多的制药企业进入零售市场,希望通过广告和促销,建立自己的非处方药品牌,获得经济效益。在这一领域获得成功的关键是公司直接向消费者进行营销的能力,即制定有效的非处方药市场营销策略并付诸实施的能力。而市场营销策略的制定,必须建立在研究消费者市场和消费者行为的基础之上。

非处方药消费者市场需要研究:购买者、购买目的、购买行为、购买时间和购买地点。购买者行为需要研究:购买者行为受哪些因素影响。

三、实训流程

(一)小组自主探究
各小组进行抽签,针对抽到的背景材料进行自主探究。
(二)教师巡回辅导
教师针对各小组的困惑,提出解决措施。对于共性问题,实施集中讲解。
(三)分析报告撰写
各小组将实训活动得出的结果整理成纸质报告,条理清晰地列出消费者购买行为的分析结果。
(四)课上成果汇报
各小组针对实训活动的内容和结论进行课堂PPT汇报,并通过教师点评和小组互评进行评分。

（五）课后实训总结

针对本次实训内容进行总结，梳理相关材料，形成实训任务书。

四、实训评价

实训评价采用过程与结果相结合的形式，考核内容如表2.4.4所示。

表2.4.4　实训评价表

组成	指标	内容	分值/分	得分/分
过程考核（50分）	实训纪律	严格遵守实训课堂规章制度，不迟到早退	10	
	团队合作	与小组组员共同研究、探讨，完成实训任务	20	
	实训态度	积极主动参与到课堂实训中来，能够听取同学和老师的建议	20	
结果考核（50分）	分析结果	能够运用"5W1H"分析方法正确分析消费者药品购买行为，准确判断影响消费者药品购买行为的因素，分析结果全面、准确	25	
	成果汇报	汇报内容全面、准确，思路清晰，表达流利	25	

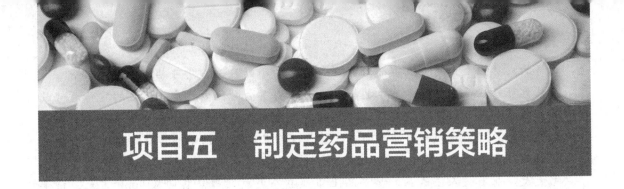

项目五　制定药品营销策略

单元一　设计药品促销方案

【知识目标】

- 能熟练掌握药品促销的常见策略。
- 能正确掌握药品促销方案的内涵和方式。

【技能目标】

- 能熟练设计药品促销方案。

【素养目标】

- 熟练运用促销组合策略。
- 培养市场营销思维。

知识导图

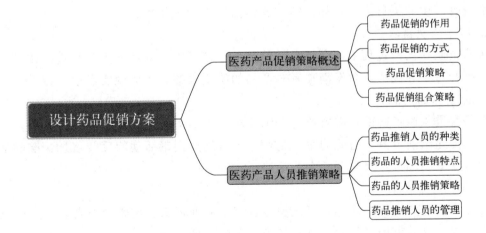

课前案例导学

很难想象，一个治疗口腔溃疡的小药居然能做出 9 个月 3000 多万元的销售额，但是，这样的成功被太太药业上市的治疗口腔溃疡的小贴片——意可贴实现了。

自从意可贴在国内全面上市，其阵容强大、以黄金时段电视广告为主的宣传攻势就在全国重点城市展开，并辅以报纸、广播电台及杂志宣传。从广告中，可以看出意可贴作为口腔溃疡治疗市场的一个全新品牌，建立了自己独特、清晰的市场定位，为消费者提供了最为现实的利益点——治疗口腔溃疡快速而高效。

据太太药业有关人士透露，该产品上市仅9个月就实现销售回款3000万元，前景一路看好。意可贴产品已迅速成为口腔溃疡治疗药市场的领导品牌，使太太药业继太太口服液后在新产品领域又开创了一个全国知名品牌。

> 思考：
> 为什么小药能做出如此巨大的市场？

 知识学习

一、医药产品促销策略概述

促销是指企业通过多种方式，向目标市场传递企业及其产品信息，进而吸引目标消费者群体，使其产生购买欲望，增加产品销售的活动。而药品促销则是医药企业向药品市场传递企业和药品的信息，吸引药品消费者进行购买，来实现扩大销量的目的。因此，制定药品促销策略具有重要意义。

（一）药品促销的作用

药品促销的本质在于买卖双方信息沟通，具有双向且反复循环的特点，根本目的是激发消费者产生购买行为。药品促销主要包括以下几个作用：

1. 诱导消费需求

医药企业在促销过程中，会将自己的药品与市场上的其他同类产品进行比较，突出自己产品的特点和优势，激发消费者对产品的购买兴趣，扩大现实需求。

2. 传递药品信息

在药品进入市场初期，需要通过促销策略，吸引消费者的注意和购买欲望，并将产品的信息传递给消费者。与此同时，企业也可以通过促销活动的反馈信息，准确地把握市场的需求变换趋势，及时调整企业策略。

3. 树立企业形象

通过积极有效的促销活动，可以树立良好的企业形象，增强消费者对企业的认可和忠诚度，进而提升市场竞争力，也有利于企业的长期发展。

（二）药品促销的方式

常见的医药产品促销策略包括广告、人员推销、营业推广和公共关系4种，也可以分为人员推销和非人员推销。各种促销方式的特点比较如表2.5.1所示。

表2.5.1 各种促销方式的特点比较

促销项目		沟通方式	促销目标	优势	劣势	适用药品类型	时效性
人员推销		面对面双向沟通	与消费者建立良好关系	针对性强、灵活性大、见效快	成本高、覆盖范围有限	以处方药为主	中长期
广告	传统媒体	进行单向传播	提高企业及药品的知名度	传播范围广、形式多样、人力成本低	信息传播量有限、总成本高、效果具有滞后性	非处方药	中长期
	网络媒体	进行单向或双向沟通	快速增加销量和效益，提高企业知名度	打破时空限制，传播速度快，范围广、影响面大、促销效率高、效益显著	竞争激烈、药品真假优劣难以辨别、信誉度难把握	非处方药	中短期
营业推广		直接促销手段、单向沟通	短期内增加销售量	吸引力大、直接、见效快、可控性强	接触面窄，频繁使用易引起消费者不信任	以非处方药为主	短期
公共关系		间接促销手段	树立良好的公众形象	客观、可信度高、影响面广、可提高知名度和声誉	可控性差、见效慢	都可以	长期

> 【课堂活动】
> 分组讨论：请举例说明日常生活中遇到的药品促销的形式。

（三）药品促销策略

药品促销策略可分为推式策略和拉式策略。

1. 推式策略

是指医药企业运用人员推销的方式把医药产品推向市场，即从生产企业推向中间商，再从中间商推给消费者（图2.5.1）。

图2.5.1 推式策略

推式策略主要适用于：①科技含量较高、价值较大、用途较窄的医药产品，如治疗癌症等新上市的药品；②专用性强，使用方法及性能比较复杂的药物，例如处方药，需要在专业的医师指导下用药；③销售渠道短，市场相对集中的药品；④规模小或没有足够的资金来进行完善的广告计划的中小型医药企业。

2. 拉式策略

是指医药企业运用非人员推销的方式把顾客拉过来，使其对本企业的医药产品产生需求，以扩大销售（图2.5.2）。

药品生产者 ← 药品批发商 ← 药品零售商 ← 消费者

图2.5.2 拉式策略

推式策略主要适用于：①医药产品科技含量不高、价值较小、用途广泛的产品；②市场需求量大，使用方便，且已被广泛应用的药品，如阿司匹林、感冒药等；③具有产品特色，通过宣传可以引起潜在消费者的购买动机，从而引发人们采取购买行为的药品；④企业拥有足够的资金，有能力推行广告宣传计划。

（四）药品促销组合策略

药品促销组合策略指医药企业根据促销的需要，对人员推销、广告促销、营业推广、公共关系宣传等促销方式进行适当选择和综合运用，以便实现更好的整体促销效果，如图2.5.3所示。

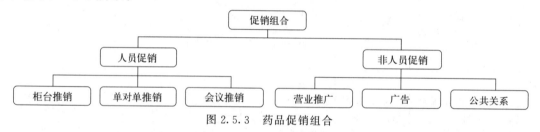

图2.5.3 药品促销组合

药品促销组合受多方面的因素影响，不同影响因素则会对应不同的药品促销组合策略。影响药品促销组合的因素主要包括以下几个方面。

1. 促销目标

促销目标是影响促销组合决策的首要因素，由于每种促销方式（广告、人员推销、营业推广和公共关系）都有各自的特点，因此需要根据具体的促销目标来制定合适的促销工具组合。当促销目标为树立企业形象时，促销组合则以广告为主，同时辅以公共关系。当促销目标为短期内扩大销量时，则以营业推广、人员推销和部分广告为营销策略。

2. 市场环境

在确定促销目标后，市场环境也是影响促销组合决策的重要因素，可受到消费者文化、风俗习惯、经济政治环境等的影响。不同的促销策略在不同类型的市场所起作用也是不同的，所以我们应该综合考虑市场和促销策略的特点，选择合适的促销组合，以达到最佳促销效果。

3. 药品特征

产品性质：受产品性质的影响，消费者具有不同的购买行为和购买习惯，因而医药企业需要采取不同的促销组合以满足差异化产品的推广。例如处方药和非处方药，根据

《中华人民共和国药品管理法》的有关规定，处方药不得在大众传播媒介上发布广告或者以其他方式进行以公众为对象的广告宣传，只能在指定的医学、药学专业刊物上发布药品广告，而人员推销策略则是处方药的最佳促销方式。

产品生命周期：在产品生命周期的不同阶段，促销目标、市场竞争以及消费者的需求是各不相同的，因此，针对产品不同生命周期，应采用适合不同阶段的促销组合策略。在产品导入期，需要投入较大的资金用于广告和公共宣传，并辅以促销活动，提高企业和产品的知名度。在成长期，可以继续加强广告和公共宣传，适当减少促销活动。在成熟期，品牌效应已经建立，相对广告而言，营业推广又开始发挥重要作用。在衰退期，可通过加强营业推广，维持消费者对产品的信任和偏爱。

4. 促销预算

促销的开展离不开企业的资金支持，该部分资金可用于广告、促销活动、销售人员培训等，以提升品牌知名度和市场份额，其预算的多少也是企业较为关注的问题。在达到促销目标的前提下，尽量减少预算。

二、医药产品人员推销策略

药品人员推销是指医药企业派出药品推销人员直接与药品批发商、零售商、医疗机构进行面对面的沟通，通过双向的信息交流和沟通，使其了解药品信息，并且发现和满足客户需求的促销活动。其中，推销人员、推销对象以及推销的药品是构成药品人员推销的3个基本要素。

（一）药品推销人员的种类

1. 药品销售员

其主要任务并不是签订订单，而是为药品批发商、零售商销售医药企业的产品提供支持性帮助，通过介绍药品信息，提高临床药师对药品的认可度，进而通过药品批发商购买药品。

2. 医药商务代表

向药品批发商传递药品信息、开拓市场、获取订单、签订合同、负责回款、提供药品技术支持等服务工作以及巩固客户关系。

3. OTC销售代表

是具有医药教育背景的，且具有一定临床理论知识及实际经验的医药专业人员，经过市场营销知识及促销技能的培训，从事药品推广、宣传工作的市场促销人员。

> 【课堂活动】
> 根据学习内容和查阅资料，明确各种推销人员的职责，并结合自身的发展，做好未来的职业规划。

（二）药品的人员推销特点

与非人员推销相比，人员推销具有以下优点。

1. 信息传递的双向性

药品人员推销是一种面对面的促销策略，推销人员可以与推销对象之间进行直接的交流，详细地阐述医药产品的疗效、功能、作用机制、使用方法、注意事项、价格以及同类产品竞争情况等信息，以便于推销对象对产品的了解，提高其对产品的认可度。而另一方面，在与推销对象交流的过程中，推销人员也可以及时了解消费者及其市场对产品以及企业需求和评价，以便于企业有针对性地调整和改进营销策略。

2. 推销目的的双重性

人员推销的目的是通过提供医药企业药品信息，激发顾客的购买欲望，增加销量。与此同时，也需要通过提供必要的相关性服务，使得推销产品能够帮助消费者解决问题，提高顾客对产品的信心。

3. 推销过程的灵活性

由于推销人员和推销对象是直接交流的，可通过观察、交谈了解顾客，并根据顾客的特点和反应及时调整销售方式和技巧，更好地诱导顾客的购买欲望。此外，在交流过程中，也可以及时解决顾客面临的问题和疑惑，提高顾客对产品的满意度。

4. 推销效果的长期性

在整个人员推销过程中，推销人员和推销对象长期面对面地直接交流，能够建立相对稳定的友谊和感情，使得顾客对本企业的产品具有一定的偏爱，也为其他产品奠定了良好的销售基础。

人员推销也存在缺点，主要包括两个方面：一是支出较大，推销费用高，增加了产品的成本；二是对推销人员的要求较高，不仅要求推销人员具有良好的推销能力，还需要具有专业的医药知识储备。

【课堂活动】

分组进行药品推销模拟，每组 5~8 人，推销同款或类似药品，要求能够根据消费者需求的差异化，灵活地推销产品。

（三）药品的人员推销策略

1. 药品人员推销方式

（1）单个推销人员对单个顾客　即一个推销人员给一个客户推销产品，例如推销人员与医院的科室主任、医师、护士长等面对面地交流。

（2）单个推销人员对一组顾客　单个推销人员与客户群体进行推销。医药代表与某科室的几位医师或护士面对面交流，详细介绍产品的各项信息和特点。

（3）推销小组对一组顾客　一般是由医药企业的主管人员、销售人员、学术推广人员组成推销小组，针对规模较大且专业性较强的目标客户进行产品销售。例如医院由院长、主任医师和采购负责人组成的药品采购委员会。

（4）会议推销　会议推销是一种借助和利用会议，运用营销学的原理、方法，而创新性开展营销活动的营销方式或模式。推销人员在多种会议上，如展销会、产品推进会、订货会，以业务洽谈的方式向特定的客户推销产品。

（5）产品研讨会　销售人员与专业的医药企业学术人员以医药产品专业研讨的方式向目标客户介绍某项技术或疾病最新发展的情况，讲解相关产品的知识和应用，通过增进客户的技术知识，来提高客户对产品和企业的认知和认可，为后续的产品购买行为做铺垫。常见的如由医药企业组织的地方性的医疗机构人员参加的产品学术推广交流会议。

2. 药品人员推销步骤

（1）寻找预期客户　预期客户是指潜在的消费者，即可能成为新顾客的任何个人和组织。

寻找潜在顾客的途径：通过报纸、杂志、电话黄页寻找；在展会寻找；经熟人介绍或客户推荐以及在市场搜集等方法。

提高寻找潜在顾客成功率的方法：①需要对每一个潜在客户进行充分的分析，随后寻找适当的时机与客户进行联系，不可以贸然联系；②如果顾客表示不方便或聊天不愉快时，应表达善意，以便于后续的联系；③无论客户购买与否，都应尊重客户的选择，并希望他们今后在有需求的时候与我们联系或推荐新客户；④应与客户保持长期的联系，维持良好的客户关系。

（2）准备接洽　药品推销员在确定了潜在顾客后，应尽可能地了解潜在顾客的各方面信息，分析他们的特定需求，如对品牌和产品的态度、谁是购买者、购买者的习惯和性格等。

（3）接触顾客　药品推销员正式与顾客进行接洽。

（4）讲解和展示　讲解应注重给顾客带来的利益，通过展示来吸引和抓住顾客的注意力，提高他们的购买欲望。

（5）异议处理　面对客户的异议，推销人员应主动询问客户，了解异议的根源，并及时做出回应和处理意见。

处理客户异议的基本策略：保持理性和中性推销态度，用不带倾向性的非常具体的问题提问；不施加过大的影响和压力；抓大放小，以退为进；尊重客户的观点，随时准备妥协和修正自己的产品或服务。

反驳客户异议的基本方法：偷换概念法、冷处理法、忽略法、镜面影像法。

（6）达成交易　药品推销人员通过与客户的交谈，观察客户的举止和表情等交易信号，了解客户的需求，并及时抓住时机提出解决方案或通过价格优惠、额外赠送等推广手段促使客户做出购买行为，完成交易。

促成交易的方法包括：直接要求订货、试用利益牵制法、机会丧失法、利益轰炸法、赞扬法、非此即彼成交法、假设成交法、新方案冲击法、利益或利害对比法、从众法、反问法。

（7）跟进服务　在交易完成后，推销人员还要做好售后服务工作，积极与客户保持联系，确认客户对服务和产品的满意度，以便提高客户对产品的认可度。

【课堂活动】

作为推销人员，面对客户的异议，应该如何做？

(四)药品推销人员的管理

1. 推销人员的选拔和培训

(1) 选拔原则　药品的人员推销是专业性较强的工作,对推销人员的素质要求很高,需要从药品推销人员的职业素养、业务素质、身体素质和能力要求进行选拔。

职业素养:具有强烈的事业心和责任感、良好的职业品德、正确的推销思想和团队协作精神。

业务素质:掌握专业的药学知识、企业知识、产品知识和法律市场知识。

身体素质:具有健康的身体素质和良好的心理素质。

能力要求:具有良好的观察能力、创造能力、社交能力、应变能力和语言表达能力。

(2) 推销人员的培训　为了提高药品推销人员的素质,顺利推进销售工作的进行,需要对推销人员进行专业的培训,包括以下几个方面。

思想品质:对推销人员进行职业道德培训,培养其爱岗敬业、诚实守信的精神。

企业情况:开展企业文化教育,让其了解企业发展的历史、发展目标、组织构架、营销策略、竞争地位等,更快地融入集体,增强归属感。

产品知识:推销人员需全面掌握产品信息,如产品的用途、注意事项、产品质量、生产工艺、包装、价格、产品特点等,此外还需要了解其他竞争产品的特色与优缺点。

市场知识:向推销人员介绍本企业的客户群体的信息、产品的市场占有率以及未来的市场策略。

推销技能:通过专业系统化的培训和学习,提升推销人员的销售技能、知识和能力,使其能够更好地理解客户需求,有效沟通和推销产品或服务,建立良好的客户关系,达成销售目标并提升业绩。通过培训,推销人员可以学习销售技巧、市场分析、竞争对手分析、谈判技巧等,提高销售技能和知识水平,增强自信心和专业度。

政策法律:在完成推销任务之余,推销人员也必须了解相关的法律和政策文件,保证推销工作在合法、合理的范围内开展。

2. 药品推销人员的报酬和激励

推销人员管理的核心是调动其积极性,提高工作效率,而建立一套完善的、合理的、系统的报酬和激励体系,对调动推销人员积极性和主动性有着重要作用。

(1) 推销人员的报酬　推销人员的报酬是企业根据推销人员的业绩付给推销人员的薪金、奖金和各种货币奖励。推销人员的报酬形式主要包括薪金、佣金和薪金加奖励三部分。

薪金:推销人员每月或每周获得的相同的固定收入,与其业绩无关。

佣金:企业根据推销人员的工作效率支付的报酬,是一种完全激励型的报酬支付方式,其收入完全由推销人员的销售额或利润额决定。

薪金加奖励:向推销人员支付底薪的同时,企业根据推销人员的业绩支付一定的佣金或奖励,进而来调动推销人员的积极性。

(2) 推销人员的激励　有效的激励能够更好地保证工作状态,因此推销工作离不开有效的激励策略。对推销人员的激励应按照公平公正的原则，根据推销人员不同的需求，给予不同的物质激励和精神激励。

目前，企业常用的激励方式包括：

目标奖励法：根据行业、企业以及推销人员的情况，制定一个切实可行的目标。当推销人员完成目标时，给予相应报酬的一种激励方式。

强化激励法：针对推销人员的业绩和过错行为分别做出肯定和奖励或者否定和惩罚。

反馈激励法：将一定时期内推销任务的各项指标完成情况和业绩及时反馈给推销人员，以此增强他们的工作信心和成就感，激励员工不断进取。

销售竞赛法：通过对一定时期的销售业绩进行排序，激励推销人员，充分挖掘他们的潜能，促进销售工作的完成。

（3）推销人员的业绩考核　推销人员的业绩考核是对管理的有效性以及执行的情况进行评价，以便管理人员及时调整，提高管理效率，保证推销目标的完成。

推销人员的业绩考核的常规指标包括：

产出指标：考核销售人员业绩最常用的信息来源是销售统计资料，将推销人员完成的实际推销额与其销售定额相比较得到的业绩指数就是一种产出指标。如订单和推销量、客户数。

投入指标：由于推销努力和推销收入之间具有一定的滞后性，一笔推销收入可能是许多推销努力所促成的，因此也应该考核投入指标来评价推销人员业绩。如推销访问数、工作时间和时间分配、费用、非推销活动。

比率指标：将各种投入指标和产出指标相结合，就可以获得一定的比率指标，这些指标也可以作为推销人员的业绩考核的指标之一。常见的比率指标包括费用比率、客户开发与服务比率（客户渗透率、新客户转化率、客户流失率）、访问比率、推销完成比率。

设计药品促销方案（PPT）

推销利润指标：在推销量、推销收入核算、推销费用核算的基础上，通过对比分析，来反映企业推销业务和活动的经济效益。

知识拓展

"倍林达"（替格瑞洛片）促销案例

某药企为了提高"倍林达"在心血管疾病治疗药物市场中的占有率，开展了一系列促销活动。在专业推广层面，某药企组织了大规模的学术会议。他们邀请了国内外顶尖的心血管专家，在会议中深入讲解"倍林达"相较于其他抗血小板药物在急性冠脉综合征（ACS）治疗中的优势，如起效更快、抗血小板作用更强等药理学特性，并且展示了一系列严谨的临床试验数据来支撑这些优势。这些学术会议吸引了众多心内科医生、药剂师等专业人士参加，通过这种方式让专业人士深入了解药品，增加他们在临床治疗中使用该药品的可能性。

在零售渠道方面，某药企与各大药店连锁企业合作开展促销活动。例如，开展"心血管健康月"主题活动,在活动期间,消费者购买"倍林达"可以获得专业的心血管健康咨询服务,包括测量血压、血脂等指标,同时还有配套的健康管理建议手册赠送。此外,对于长期购买该药品的患者,药店还会提供一定的折扣优惠或者积分奖励,积分可以用于兑换健康用品,如电子血压计、血糖仪等。

某药企还通过数字化营销手段来扩大品牌影响力。他们在医疗健康类 APP 上投放了有针对性的广告,广告内容主要是围绕"倍林达"对心血管疾病患者生活质量的改善。同时,还制作了一系列科普短视频,详细介绍 ACS 的危害以及"倍林达"在治疗过程中的作用,这些视频在社交媒体平台和医学专业网站上进行传播,吸引了大量患者和家属以及医护人员的关注。

通过这些促销活动,"倍林达"在市场上的知名度和销量都得到了显著提升,同时也让更多的患者受益于先进的药物治疗。不过,在整个促销过程中,某药企也始终严格遵守药品监管规定,确保所有的宣传内容真实可靠,并且在药品的销售过程中强调合理用药的重要性。

小结

1. 药品促销的作用包括诱导消费需求、传递药品信息、树立企业形象等。
2. 药品促销策略包括推式策略和拉式策略。
3. 影响药品促销组合的因素包括促销目标、市场环境、药品特征和促销预算。
4. 药品人员推销的特点包括信息传递的双向性、推销目的的双重性、推销过程的灵活性和推销效果的长期性。
5. 药品人员推销的步骤包括寻找预期客户、准备接洽、接触顾客、讲解和展示、异议处理、达成交易和跟进服务。

单元二　选择药品分销渠道

❖【知识目标】

- 能熟练掌握药品分销渠道的设计和选择。
- 能正确掌握药品分销渠道的模式、基本流程。

❖【技能目标】

- 能熟练设计药品分销渠道。

❖【素养目标】

- 在药品分销渠道中锻炼灵活的职业能力。

知识导图

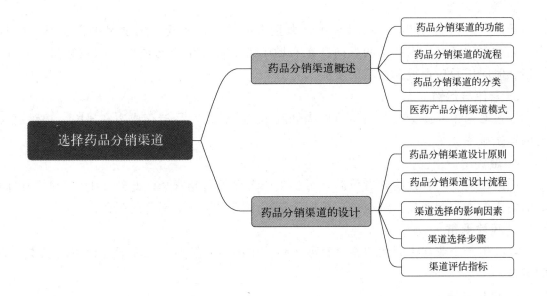

课前案例导学

青岛医保城药品连锁有限公司的经营业务范围包括网上商城和线下门店，据该公司负责人所说，对于不同的医药产品，在选择分销渠道时，会根据产品的属性进行选择。OTC 类的产品、保健、滋补及常备药品更容易在线上打开销路，而线下连锁门店一般以慢性病治疗药品为主要销售药品，例如降糖药、降压药等，在线下门店销售的商品中，此类药品达 65% 以上。

> **思考：**
> 当你在进行药品分销渠道选择的时候，应该考虑哪些因素？

 知识学习

一、药品分销渠道概述

药品分销渠道是指药品从生产者向消费者转移过程中一切取得其所有权或帮助转移其所有权的所有企业和个人，主要包括中间商，如医药批发企业、医药零售企业、医疗机构等，以及处于渠道起点的药品生产企业和处于终点的药品消费者（即患者）。

（一）药品分销渠道的功能

1. 销售与促销

医药中间商是从事药品批发、零售业务的专业组织。药品制造企业利用专业组织使药品能够快速到达最终消费者手中。

2. 整买零卖

药品生产企业的产品具有品种少、数量大的特点，而药品消费者的需求具有数量小、品种多的特点，因此中间商的存在有助于解决药品生产与消费之间在数量、品种、规格、时间以及地点上存在着的矛盾。

3. 仓储与运输

通过医药中间商储存药品，可以降低医药生产者的产品储存成本和风险，提供更快捷的运送服务。

4. 融资

中间商向生产者预购或者付款，可为生产者提供回笼资金；此外，生产者基于中间商的信用额度赊销药品，可在一定程度上解决中间商的资金不足的问题。

5. 风险承担

药品生产企业与中间商建立销售业务后，中间商承担药品在流通过程中破损或过期的风险。

6. 信息沟通

医药中间商是生产者与消费者之间信息沟通的桥梁，不仅可以通过各种方式向市场及其消费者传递生产信息，促进市场需求，还可以将市场需求信息反馈给生产者。这使得生产商能够及时调整生产计划和营销策略，以更好地满足药品消费者的需求。

> **【课堂活动】**
> 讨论在药品分销过程中为什么会有中间商的存在。

（二）药品分销渠道的流程

医药企业的分销渠道在运行时，涉及渠道成员的各种活动，这些活动构成了不同形式的药品分销渠道流程。

分销渠道由实体流程、所有权流程、信息流程、促销流程、资金流程等流程构成。实体流程即产品从制造商转移到最终消费者的过程；所有权流程即商品所有权在渠道内企业之间转移的过程；信息流程即在营销渠道中，相关药品信息在企业之间传递的过程；促销流程即企业利用促销策略中的各种手段向其他企业或个人传递信息并施加影响的过程；资金流程即渠道中企业之间的货款流动过程。上述流程可以在所有渠道成员之间进行，其中实体流程、所有权流程、促销流程是正向的，信息流程是双向的，资金流程是逆向的。

（三）药品分销渠道的分类

1. 按渠道中是否有中间商可分为直接渠道和间接渠道

（1）直接渠道　是指生产企业不经过任何中间商，直接向消费者或使用者销售药品的渠道。这是销售原材料的主要渠道，可以及时了解市场信息，缩短流通时间，提高经济效益，但会增加营销费用，分散生产者精力，承受一定的市场风险。

（2）间接渠道　是指药品从生产企业到消费者手中经过多个中间环节的渠道。它是药品市场中最常见的渠道类型。其特点是增加了交易次数，提高了市场份额，有利于增加生产投入，降低生产者的经营风险。但延长了流通时间，影响了服务质量和对消费情况的及时反映。

2. 按渠道中间环节的多少可分为长渠道和短渠道

（1）长渠道　是指制药公司使用两个或多个不同类型的中间商来推销其产品。其特点是市场覆盖面大，有利于扩大产品销售。但产品的价格竞争力较低，增加了药品损耗的风险，不利于药企与社会各界建立紧密的合作关系，一般适用于普通药品。

（2）短渠道　是指制药企业在营销过程中只使用一个环节或不经过中间环节销售其产品。其特点是提高了产品的价格竞争力，也有利于制药企业与中间商的合作。但市场份额较小，厂家承担的市场风险也较大，一般适用于新药和单价高的进口药品。

3. 按渠道中每一环节使用同类中间商的多少可分为宽渠道和窄渠道

（1）宽渠道　是指医药企业在各个流通环节选择两个以上同类中间商来推销自己的产品。其优点是可以增加营销量，提高整体营销效率，有利于医药企业对渠道成败的评价和选择。但很难保证中间商的忠诚度和对营销渠道的控制，适用于OTC药品和普通药品。

（2）窄渠道　药企在各个流通环节只通过一个中间商来推销自己的产品。其优点是医药企业与中间商关系密切，也为中间商提供了很大的支持，有利于中间商的控制和管理。但对中间商的依赖过大，承担的风险也很高，可适用于处方药、进口药品以及单位价值较高的新特药。

4. 根据渠道成员相互联系的紧密程度不同分为传统渠道和渠道系统

（1）传统渠道　指由独立的生产商、批发商、零售商和消费者组成的分销渠道。渠道的每个成员都是独立的，各渠道成员对其他成员没有完全或实质性的控制权。通过与其他成员进行短期合作或激烈竞争，来实现自身利益的最大化，甚至会牺牲整个渠道体系的长远利益。因此，随着科技的进步和社会经济的发展，传统渠道面临着严峻的挑战，正在被淘汰。

（2）渠道系统　是指渠道成员在传统渠道中采取不同程度的联合经营或一体化经营而形成的分销渠道。在这个通道中，各级成员之间形成了更加紧密的联系，有垂直、水平和多渠道三种形式。

① 垂直营销渠道系统：是指由生产商、批发商和零售商组成的统一体。体系内的成员或属于同一家公司，或通过某种品牌或专利特许权相互联系，或者通过足够强大且相互认可的管理方法相互合作。该系统能够做到专业化管理与集中性控制，通过控制渠道成员的行为，来消除成员之间的冲突，通过规模经济提高议价能力和减少重复服务来获得利益。

② 水平营销渠道系统：是指处于同一环节的企业之间联合起来的分销渠道系统。可分为临时松散型联盟和长期固定型联盟，还可以组建新公司，合作开展新业务。松散型联盟经常联合相关公司共同开发市场机会，规划和实施分销渠道；固定型联盟通过设立销售公司，同时为各联合公司开展销售活动。

③ 多渠道营销渠道系统：是指采用多种渠道进入同一或不同的细分市场的营销体系。有两种常见的形式：一是生产商通过两个以上竞争性分销渠道销售同一品牌的产品，二是制造商通过多个分销渠道销售不同品牌的差异化产品。

（四）医药产品分销渠道模式

产品根据其最终用户可以分为两类：个人消费品和组织消费品。因此，医药产品也分为药品和医药工业品两大类。由于这两类药品的销售和管理不同，其分销模式也不同。医药产品分销渠道模式如图2.5.4所示。

1. 药品分销渠道模式

（1）直销模式：制药企业→终端→患者　即"一票制"模式。制药企业将药品直接销售给分销终端，主要是指医院、药店、诊所、超市等，然后终端销售给患者。这种模式要求医药企业有一定的经济实力、管理规范、健全的营销网络，才能承担繁重的发货、促销、回款等任务。

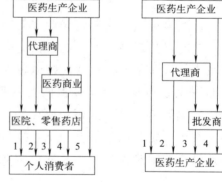

图2.5.4　分销渠道模式

（2）代理分销模式：制药企业→代理商→终端→患者　即"两票制"模式。药品通过药品代理商（即药品批发公司）直接销售到流通终端，再由终端销售给消费者。药企的销售工作完全由代理商负责。这种模式适合一些需直接进入医院销售的新特药、进口药品、处方药、医疗器械以及营销能力不足的药品生产企业。

（3）制药企业→代理商→医药配送企业→终端→患者　即"多票制"模式。该模式是药品销售中常用的渠道类型之一，适用于处方药、进口药品和新特药的销售。药企首先寻找合适的代理商，利用代理商的销售网络向目标医院销售药品，而药企则与医药配送公司合作，向医院进行推广。

（4）制药企业→医药配送企业→终端→患者　即"两票制"模式。这种模式是处方药、进口药品、新特药营销中最常见的营销模式。通常，制药公司与药品物流公司签订购销合同，由医药物流公司销售给医院，并负责与医院进行货款结算。制药企业与医药物流企业直接进行货物往来和支付。制药公司的药品销售人员协助药品物流公司进行营销工作。这种模式不仅可以保证药品质量，减少营销工作量，还有助于直接了解药品的营销情况。

（5）制药企业→患者　即直接渠道模式。该模式是在没有中间商参与的情况下，生产企业直接将商品销售给消费者的渠道类型。目前，随着医药电子商务的广泛开展，OTC药品也常采用这种渠道模式。

2. 医药工业品分销渠道模式

（1）生产企业→药品生产企业　这是一种生产企业直接向下游制造企业供应产品的直销模式，适用于批量大、品种单一的产品类型，是原料药生产企业常用的渠道模式。随着互联网技术的发展，企业常常通过网络平台进行交易。

（2）生产企业→代理商→药品生产企业　这是一种生产企业通过某些代理商向药品生产企业销售产品的模式。该模式能够帮助企业扩大市场份额，最大化地占有分销资源，但缺点是企业对市场信息的了解和掌控不够。

（3）生产企业→代理商→药品商业批发公司→药品生产企业　这种模式环节多、渠道长，适用于产品数量较少但种类较多的生产企业，通过充分利用中间商的各种功能来促进产品销售。

（4）生产企业→药品商业批发公司→药品生产企业　生产企业通过药品批发商向药品生产企业销售产品的一种模式。

二、药品分销渠道的设计

（一）药品分销渠道设计原则

设计药品分销渠道时，无论出于何种考虑、选择何种渠道，一般都要遵循以下原则。

1. 畅通高效原则

这是渠道设计的首要原则。任何正确的渠道决策都应该满足货流畅通和经济高效的要求。药品的流通时间、流通速度和流通成本是衡量营销效率的重要指标。

2. 覆盖适度原则

随着市场环境的变化和整体市场的不断细分以及顾客购物偏好的不断变化，原有的分销模式已经不能满足要求。因此，厂商应深入调查目标市场的变化，及时掌握原有渠道的覆盖能力并审时度势，对渠道结构做出相应调整，并勇于尝试新渠道。

3. 稳定可控原则

医药企业的分销渠道的建立需要投入较大的人力、物力、财力和花费较长的时间。因此，企业一般不会轻易更换渠道成员和渠道模式。只有保持渠道的相对稳定性，才能进一步提高渠道的效率。顺畅有序、适度的覆盖是分销渠道稳定可控的基础。

4. 协调平衡原则

医药企业在选择和管理分销渠道时，不能一味地追求自身利益而忽视其他渠道成员，而应合理分配利益。渠道领导者应具有一定的协调和控制能力，能够处理渠道成员之间的合作、冲突和竞争，引导渠道成员充分合作，良性竞争，减少冲突，实现互利共赢。

5. 发挥优势原则

医药企业在选择分销渠道模式时，为了在竞争中获得优势地位，应注意充分发挥自身各方面的优势，将分销渠道模式的设计与公司的产品策略、价格策略、促销策略相结合，以增强营销组合的有效性。

（二）药品分销渠道设计流程

每个医药企业分销渠道设计的操作方式有所不同，但一般来说，渠道设计可以分为5个基本步骤，如图2.5.5所示。

1. 确定渠道目标

分销渠道是所有参与者有机结合的经济共同体，其目的是获取各自所需的利润和投资回报。分销渠道目标是渠道设计者对企业渠道功能的期望，可以从销售额、市场份额、盈利能力、投资回报等方面来衡量。

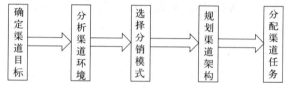

图 2.5.5 分销渠道设计的流程

2. 分析渠道环境

任何分销渠道的运作都会受到环境的影响和制约，而环境的不断变化也会引起渠道内部的分化、重组和转变。因此，在设计分销渠道时，对分销渠道环境进行客观分析是十分重要的。了解渠道环境不仅有助于各渠道参与者扬长避短、趋利避害，也有利于增进渠道成员之间的相互了解和联系，提高渠道的开放度和效率，缓解矛盾和压力，保持整个渠道的灵活性和活力。

3. 选择分销模式

按照渠道成员之间的关系来划分，具有多种不同的分销模式，企业可以根据渠道目标及外界环境的不同进行选择。常见的渠道结构主要有如下几种，如图2.5.6所示。

4. 规划渠道架构

规划分销渠道架构指确定分销渠道的长度、宽度以及广度。

（1）设计渠道长度　药品在流通中经过的环节越多，流通渠道就越长；反之，则越短。

（2）设计渠道宽度　分销渠道的宽度根据分销某种药品的批发商、零售商和代理商

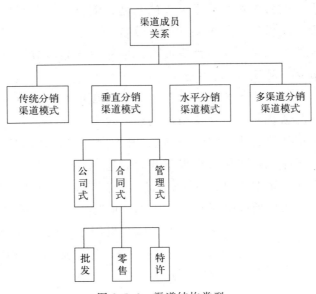

图 2.5.6 渠道结构类型

的数量来确定。如果一种药品通过尽可能多的销售点供应到尽可能广阔的市场,那么它就是宽渠道;否则,它就是一个窄渠道。一般来说,根据渠道宽度可分为三种类型:密集性分销、专营性分销和选择性分销。

(3) 设计渠道广度　分销渠道的广度是宽度的扩展和延伸。它是指生产商选择多少个渠道来进行产品的分销活动,而不是几个批发商或几个零售商的问题。主要有两种类型:单一渠道模式,是指生产商仅使用一个渠道来分销产品;多渠道模式,是指生产企业采用多种不同的渠道模式来分销产品。在建立分销渠道的实际过程中,大多数药企选择建立了多渠道系统。

5. 分配渠道任务

企业规划好分销渠道结构后,应当明确分销渠道成员的选择条件、权利、义务和责任,包括价格政策、销售条件、区域权利以及各方应提供的具体服务等内容。双方的权利和责任必须仔细界定,特别是专营性分销以及特许经营的渠道。

(三) 渠道选择的影响因素

渠道设计者在确定渠道长度、宽度和成员时需要考虑各种影响因素,包括用户或消费者特征、产品特征、企业特征、中介特征、竞争特征、市场特征等,渠道设计者必须综合考虑这些因素的影响程度和结果。

1. 医药产品特性

根据药品的特点设计和选择营销渠道,主要考虑药品的单价、重量、技术含量、有效期、适用性、市场生命周期等方面。

(1) 药品的单位价值　如果药品单位价值较高,每个环节都会增加一定的成本,在选择营销渠道时应采用短渠道或直接渠道,如生物制品、进口药品、新药等。对于单价低、用途广、用量大的药品,营销渠道可以长而广,提高市场覆盖率。

（2）产品的体积　产品体积大或重量大的药品，渠道短，中间环节少，可以节省运输和仓储成本，减少产品损失，如大型的医疗设备。

（3）时效性或有效期　对于季节性强或有效期短的产品，应尽可能简化渠道，减少流通时间和运输环节对产品质量的影响。

（4）技术含量　当药品技术含量较高时，应采用直接渠道或短渠道，因为大多数药品，特别是刚刚上市的新特药，对技术服务的要求较高。

（5）适用性　常用药品因其适用范围广、销量大，应选择间接渠道和宽渠道。相反，如抗癌药等特殊药品可以采用直接渠道和短渠道。

（6）市场生命周期　药品处于不同的市场生命周期，渠道选择也应不同。在导入期，产品推广难度大，为了使产品尽快进入市场，同时收集产品销售信息，企业必须自行销售或选择短渠道或直接渠道；在成长期，应在巩固原有渠道的基础上，增加渠道宽度；在成熟期，由于竞争激烈，为吸引更多的客户，应增加渠道宽度，扩大销售网络；在衰退期，为了降低成本，渠道应该窄而短。

2. 药品市场特性

药品本身的特殊性，如适用性、集中性、突发性等因素影响着药品流通渠道的选择。药品市场特性主要有：

（1）药品的适用范围　如果药品适用范围广，市场分布区域广，企业无法自行销售，则应采用长和宽的渠道；反之，采用短而窄的渠道。

（2）消费者集中程度　如果消费者分布较为集中或具有区域特征，可以采用短渠道；如果消费者分散，则应选择长而宽的渠道，发挥中间商的作用。

（3）销售批量和频率　销量大、交易少的药品可以采用短渠道；销量小、交易频繁的药品应采用较长和较宽的渠道。

（4）突发流行性疾病　在季节性传染病等疾病流行期间，制药企业应拓展分销渠道；否则，就应该减少中间环节，简化分销渠道。

3. 竞争特性

生产企业对分销渠道的选择应考虑竞争对手分销渠道的设计和运作情况，并结合本公司药品的特点，有目的地选择与竞争对手相同或不同的分销渠道。

4. 顾客特性

消费者分布、顾客购买频率、购买数量以及对促销方式的敏感度等因素影响生产企业对分销渠道的选择。当市场的顾客数量较多、购买力较高时，企业可采用长渠道；反之，采用短渠道。

5. 企业特性

（1）企业的规模和声誉　规模大、信誉高、资金充裕、销售队伍强大、销售业务管理能力强、经验丰富的公司，在渠道选择上会有更大的主动权。一般会采用较短的分销渠道或建立自己的销售机构；如果企业规模小、品牌知名度低，就应该依靠中间商的分销能力来销售药品。

（2）企业的营销经验和能力　营销能力强、经验丰富的企业可以采用短渠道；否则，就应该依靠中间商进行销售。

（3）企业的财务能力　财务能力较差的企业一般采用"佣金制"的分销渠道，利用有能力且愿意承担部分仓储、运输和融资功能的中间商来销售产品。

（4）企业控制渠道的愿望　企业对分销渠道的控制有强弱之分。如果企业想控制分销渠道，以控制药品价格、进行统一促销、维护市场秩序，可以选择短渠道；反之，可以采用长渠道。

6. 中间商特性

在设计分销渠道时，还必须考虑中间商的特性。如中间商在运输、仓储、接待客户以及在信用条件、人员培训、发货频率、营销计划等方面的特点。

7. 相关政策、法律法规

药品的分销渠道受国家或地方的相关政策、法律法规的影响。如精神类药品，受国家和主管部门的严格控制，对其分销渠道有明确的规定和限制。

> 【课堂活动】
> 新药上市后应如何选择药品分销渠道？

（四）渠道选择步骤

1. 确定分销渠道的长度和分销商的级次

根据分销渠道设计原则，对渠道选择的影响因素进行充分分析后，企业应确定分销渠道的长度和分销商的级次，选择直接渠道或是间接渠道、长渠道或是短渠道，以及具体为几级分销。

2. 确定分销渠道的宽度

在确定分销渠道的长度和分销商的级次后，应确定同级中间商数目的多少，而根据渠道的宽度的不同可分为：密集性分销、专营性分销、选择性分销等形式。

（1）密集性分销　制药企业尽可能多地通过批发商、零售商推销其产品的模式。该模式能迅速扩大产品市场占有率，使消费者随时随地都能买到这些产品。

（2）专营性分销　生产商在某一地区市场仅选择一家批发商或零售商经销商品而形成的渠道。在该模式下生产商要与独家分销商签订独家经销合同，规定经销商不得经营竞争对手的商品。

（3）选择性分销　生产商只通过两个或两个以上同类中间商来推销其产品的模式。该模式可适用于大部分的药品。

3. 评估中间商

中间商在药品进入市场、占领市场、巩固市场以及培育市场的过程中发挥着至关重要的作用。为了选择合适的中间商，需要对中间商进行评估，认真分析中间商的服务对象、地理位置、经营范围、销售能力、服务水平、仓储能力、运输能力、财务状况、信誉和管理水平等。

4. 确定渠道成员的责任

生产商和中间商需要就每个渠道成员的责任达成一致，包括定价政策、销售条件、区域权利和各自应履行的具体义务等。

（五）渠道评估指标

每一种渠道方案的评估指标包括经济性、可控性和适应性。

1. 经济性

追求利润是设计分销渠道的首要目的，通过比较各个渠道的营销量与其成本之间的关系，选择投资少、效益好的渠道。当销售成本相同时，应选择销量最大的分销渠道；或者当销量相同时，应选择销售成本最低的分销渠道。企业规模或目标市场销量较小时，应通过中间商进行销售；当销量达到一定规模时，企业应设立自己的销售机构。随着销量的变化，药企应不断调整其分销渠道模式。

2. 可控性

中间商可能会同时代理许多相同或相似的产品，成为多个制造商的分销代理，并不完全隶属于一个厂家，具有一定程度的不可控性。因此药企可以根据自身营销目标的需要，采取相关措施来解决分销渠道的不可控问题，以减少可能带来的风险。相较于长或宽渠道，短或窄渠道则易控制。中间商作为一个独立的经济实体，需要考虑自身的经济利益和长远发展。维持生产商与中间商合作关系的基础是经济利益，因此在现代市场营销工作中非常强调双赢模式。只有双方都从合作中获益，这种合作才能牢固地建立起来。

3. 适应性

当分销渠道建立后，生产商与中间商就会形成稳定的客户关系。由于市场环境是复杂变化的，医药企业在选择分销渠道时应考虑渠道的适应性，如地域适应性和时间适应性。随着市场供需的变化，企业应及时调整营销策略，对药品品种、价格和营销渠道进行调整。因此，在与中间商签订合同，尤其是长期合同时，需要进行充分考虑。

选择药品分销渠道（PPT）

 知识拓展

药品分销

×××公司拥有丰富多样的药品产品线，涵盖了从非处方药到处方药的多个领域。以其感冒药产品为例，该药企采用了多层次的分销策略。在国内市场，该药企与大型医药批发商建立了长期稳定的合作关系。这些批发商拥有广泛的销售网络和强大的仓储及物流能力。例如，与大型医药商业企业合作，这些企业在全国有众多的物流中心和销售网点。

对于零售药店这一终端渠道，×××公司也非常重视。它会与连锁药店如老百姓大药房、海王星辰等直接合作。除了正常的采购供应外，×××公司还会为药店提供促销支持，如定制促销活动方案、提供促销物料等。例如，在感冒高发季节，药店会推出购买×××公司感冒药系列产品赠送体温计或口罩等促销活动，这是在×××公司的支持下进行的。

在国际分销方面，×××公司利用其全球供应链网络，将药品出口到世界各地。它会根据不同国家和地区的法规要求和市场特点，选择合适的分销伙伴。在欧洲，与当地一些大型的医药分销商合作，这些分销商熟悉当地的医疗体系和市场需求。

同时，×××公司也会利用电子商务平台进行药品分销。在一些允许非处方药在线销售的国家和地区，×××公司通过官方旗舰店或者授权的电商平台销售药品，方便消费者购买。这种方式不仅扩大了销售范围，还能及时收集消费者反馈，为产品的改进和后续分销策略的调整提供依据。通过这些分销策略，×××公司成功地将药品广泛地推向市场，满足了不同消费者群体的需求。

 小结

1. 药品分销渠道具有销售与促销、整买零卖、仓储与运输、融资、风险承担、信息沟通的功能。
2. 药品分销渠道可从长度、宽度以及是否有中间商进行分类，常见的药品分销渠道系统有传统营销、垂直营销、水平营销和多渠道营销等。
3. 药品分销渠道设计流程包括确定渠道目标、分析渠道环境、选择分销模式、规划渠道架构和分配渠道任务。
4. 影响药品分销渠道选择的因素有医药产品特性、药品市场特性、竞争特性、顾客特性、企业特性、中间商特性等。
5. 分销渠道的评估指标包括经济性、可控性和适应性。

 牛刀小试

一、选择题

（一）单选题

1. 药品促销的方式不包括（　　）。
A. 广告　　　　　B. 人员推销　　　　C. 营业推广
D. 公共关系　　　E. 市场的调研
2. 药品促销的本质是（　　）。
A. 降低成本　　　B. 树立企业形象　　C. 突出产品特色
D. 信息沟通活动　E. 诱导消费者
3. 科技含量不高、价值小、用途广泛的产品应采用（　　）策略进行促销。
A. 拉式策略　　　B. 推式策略　　　　C. 短渠道
D. 窄渠道　　　　E. 直接促销

4. 以下不属于药品人员的推销方式的是（　　）。
   A. 单对单推销　　　B. 间接促销　　　C. 组队组推销
   D. 会议推销　　　　E. 产品研讨会

5. 药品促销组合受多方面的因素影响，（　　）是影响促销组合决策的首要因素。
   A. 促销目标　　　　B. 市场环境　　　C. 药品性质
   D. 促销预算　　　　E. 产品的生命周期

6. 医药企业在市场上选用两个或两个以上环节的中间商为其推销药品的渠道策略被称为（　　）。
   A. 宽渠道策略　　　B. 窄渠道策略　　C. 长渠道策略
   D. 短渠道策略　　　E. 间接渠道策略

7. 短渠道的优点是（　　）。
   A. 上市速度快　　　B. 渗透力较强　　C. 市场信息反馈快
   D. 覆盖面广　　　　E. 风险小

8. 体积大的重型医药产品一般应采用（　　）。
   A. 短渠道　　　　　B. 长渠道　　　　C. 宽渠道
   D. 多渠道　　　　　E. 窄渠道

9. 分销渠道指的是（　　）。
   A. 产品由生产者向消费者转移过程中所经过的路径
   B. 产品由生产者向消费者的转移
   C. 产品由经销商向消费者的转移
   D. 产品由经销商向消费者转移过程中所经过的路径
   E. 产品由生产者向消费者转移的中间商

10. 价格低、需求量大的常用药适合采用（　　）。
    A. 独家分销　　　　B. 选择性分销　　C. 密集性分销
    D. 代理性分销　　　E. 集中分销

（二）多选题

1. 药品促销的作用包括（　　）。
   A. 降低药品价格　　B. 传递药品信息　C. 树立企业形象
   D. 减少经费预算　　E. 诱导消费需求

2. 药品促销策略可分为（　　）两种。
   A. 拉式策略　　　　B. 上门推销　　　C. 会议推销
   D. 柜台推销　　　　E. 推式策略

3. 药品人员推销的优点包括（　　）。
   A. 信息传递的双向性　　　　　　　　B. 推销目的的双重性
   C. 推销效果的长期性　　　　　　　　D. 推销成本较高
   E. 推销过程的灵活性

4. 影响药品促销组合的因素包括（　　）。

A. 促销目标 　　　　B. 市场环境 　　　　C. 药品特征
D. 促销预算 　　　　E. 中间商

5. 药品人员推销的步骤包括（　　　）。
A. 寻找预期客户 　　B. 跟进服务 　　　　C. 接触顾客
D. 讲解和展示 　　　E. 达成交易

6. 渠道评估指标包括（　　　）。
A. 经济性 　　　　　B. 选择性 　　　　　C. 可控性
D. 适应性 　　　　　E. 集中性

7. 影响药品分销渠道选择的因素有（　　　）。
A. 产品特性 　　　　B. 市场特性 　　　　C. 竞争特性
D. 顾客特性 　　　　E. 企业特性

8. 药品分销渠道设计流程包括（　　　）。
A. 确定渠道目标 　　　　　　　　　　　　B. 分析渠道环境
C. 选择分销模式 　　　　　　　　　　　　D. 规划渠道架构
E. 分配渠道任务

9. 药品分销渠道具有（　　　）功能。
A. 销售与促销 　　　B. 整买零卖 　　　　C. 仓储与运输
D. 融资、风险承担 　E. 信息沟通

10. 分销渠道可由（　　　）流程构成。
A. 实体流程 　　　　B. 所有权流程 　　　C. 资金流程
D. 信息流程 　　　　E. 促销流程

二、简答题

1. 药品分销渠道设计受到哪些因素的影响？
2. 为什么要进行药品推销？它有哪些作用？
3. 药品推销的方式有哪些？
4. 人员推销有哪些特点？
5. 药品分销渠道有哪些分类？

三、案例分析题

伊马替尼营销策略

伊马替尼是血液病治疗领域的第一个酪氨酸激酶抑制剂，该药于1997年研制成功，2001年在美国上市，2002年被批准在中国上市。

伊马替尼进入中国市场时，传统化疗药物、干扰素、移植三种慢性髓细胞性白血病治疗方式并存，医生会根据患者的经济情况、治疗目标、是否在医保等情况进行选择。其中化疗药物最经济，每月几块钱，治疗效果也最差，只是缓解症状；干扰素医保能报销，每月费用在几百元，也不能延长生存期；移植一次费用为30万左右，但移植后患

项目五　制定药品营销策略　　91

者感染严重、排斥反应造成的死亡率高达30%,发生严重感染和排斥反应后的治疗费用很高,少数患者达到上百万,移植后严重影响患者生活质量,部分患者移植后还会复发。

与传统化疗药物、干扰素相比,伊马替尼能明显延长生存时间,还有较好的安全性和耐受性,但是伊马替尼的治疗费用较高,每年的费用在72000元,并且不在医保报销范围之内。

于是公司采用了快速-掠取策略,即实行高价格,以树立高品位的产品形象,并能从单位销售额中获取最大利润;高促销费用是为了引起目标市场的注意,加快市场渗透,使医生和患者了解该产品,迅速占领市场。伊马替尼采用24000元/月的高市场定价,同时××公司和中华慈善会合作开展格列卫全球援助项目。针对国内的低保慢性髓细胞性白血病患者施行终身免费治疗援助项目;同时对于低保之外的患者施行买6个月援助终身项目,意味着慢性髓细胞性白血病患者花费15万元就能获得终身治疗。上述措施使伊马替尼迅速切入市场。

问题:试分析伊马替尼迅速切入中国市场的原因。

牛刀小试答案

单元实训　制订促销活动计划

一、实训目的

通过本次实训，帮助学生认识到在营销实践中运用促销策略的重要性，使学生能够依据市场、消费者和竞争者状况，运用促销策略，制订促销计划，提升学生的促销方案设计能力。

二、实训准备

（一）实训分组

8~10 人一组，确定组长，实行组长负责制。

（二）实训材料

教师提前打印好背景材料，按照序号进行排序。

（三）背景资料

制定"五一"药店促销活动方案

利用五一这一特殊假日的特点，在其前后公众效应显著的一段时间，为烘托药店在节假日的营销气氛，结合自己的营销模式，提升门店核心竞争力，凸显活动效果，加强客情沟通、药企合作及商品走量，并能根据顾客的消费心理来准确把握药店的销售脉搏，进行一系列有针对性的推广活动。

三、实训流程

（一）小组自主探究

各小组进行抽签，针对抽到的背景材料进行自主探究。

（二）教师巡回辅导

教师针对各小组的困惑，提出解决措施。对于共性问题，实施集中讲解。

（三）促销活动报告撰写

各小组将促销活动制订的计划整理成纸质报告，条理清晰地列出产品特点、促销策略、促销渠道的选择及其预算。

（四）课上成果汇报

各小组针对实训活动的内容进行课堂 PPT 汇报，并通过教师点评和小组互评进行评分。

（五）课后实训总结

针对本次实训内容进行总结，梳理相关材料，形成实训任务书。

四、实训评价

实训评价采用过程与结果相结合的形式，考核内容如表 2.5.2 所示。

表 2.5.2 实训评价表

组成	指标	内容	分值/分	得分/分
过程考核 (50 分)	实训纪律	严格遵守实训课堂规章制度，不迟到早退	10	
	团队合作	与小组组员共同研究、探讨，完成实训任务	20	
	实训态度	积极主动参与到课堂实训中来，能够听取同学和老师的建议	20	
结果考核 (50 分)	分析结果	能够依据市场、消费者和竞争者状况，运用促销策略，合理设计促销计划	25	
	成果汇报	汇报内容全面、准确，思路清晰，表达流利	25	

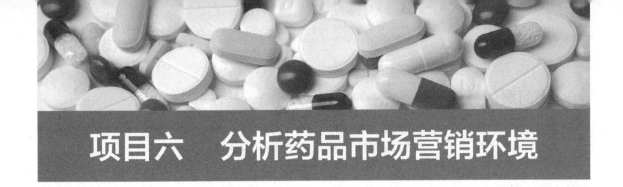

项目六　分析药品市场营销环境

单元一　药品市场宏观营销环境分析

❖【知识目标】

- 能熟练掌握药品市场宏观营销环境的内容。

❖【技能目标】

- 能判断影响企业营销行为的宏观营销环境因素。
- 能熟练运用宏观营销环境分析指导企业营销活动。

❖【素养目标】

- 培养严谨细致的市场营销宏观分析能力。
- 树立系统规划观念，培养市场营销思维。

▶ 知识导图

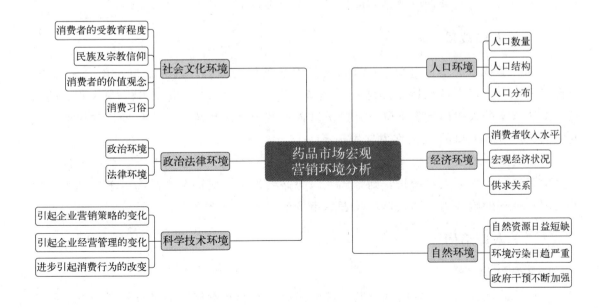

课前案例导学

阿司匹林的市场宏观营销环境分析

阿司匹林作为经典药物，其市场受宏观营销环境深刻影响。从人口环境看，全球人口增长与老龄化加剧，心脑血管疾病及疼痛症状高发人群增多，为阿司匹林提供广阔市场。经济环境上，发展中国家经济发展使更多人有能力购买，发达国家虽有新竞品，但阿司匹林性价比优势仍保其份额，药企也通过规模生产降成本。自然环境层面，其生产原料供应受环保等因素制约。技术环境方面，制药技术发展促使阿司匹林新剂型研发，提高药效和服用便利性。政策法律环境方面，药品监管保障质量，医保政策影响其价格和市场覆盖，这些因素共同塑造了阿司匹林的市场格局。

知识学习

药品市场宏观营销环境是指医药企业无法直接控制的因素，通过影响微观环境对企业营销能力和效率施加影响的一系列社会力量，包括人口、经济、自然、科学技术、政治法律、社会文化等因素。这些环境因素以微观营销环境为媒介影响和制约企业的市场营销活动，所以又称为间接营销环境。

一、人口环境

人口是医药市场的第一要素。人口数量直接决定市场规模和潜在容量，人口的年龄、性别、教育与职业、家庭结构、民族结构以及居住分布等也对市场格局产生着深刻影响，从而影响着企业的营销活动。企业要重视对人口环境的研究，密切关注人口特征及其发展动向，及时地调整营销策略以适应人口环境的变化。

（一）人口数量

随着科学技术进步、生产力发展和人民生活条件的改善，世界人口平均寿命延长，死亡率下降，全球人口保持持续增长。但是，世界人口的增长呈现出极端不平衡的状态。发达国家的人口出生率下降，有些国家人口甚至出现负增长。人口增长最快的是发展中国家，世界人口的80%在发展中国家。

人口的急剧增长，将会对企业营销活动产生重大影响。一般情况下，假设人群的疾病发生率一定，如果人口增长，则患病人口势必会增多，对医药产品的需求量就大，如果人们有足够的购买力，则人口增长表示市场的扩大；反之变小。

（二）人口结构

1. 年龄结构

人口年龄结构是指一定时期不同年龄的构成。不同年龄层次的消费者因为生理和心理特征、人生经历、收入水平和经济负担状况的差异，消费需求、兴趣爱好和消费模式呈现出不同的特征。老年群体的需求主要集中在心脑血管疾病防治的药品，儿童用药则集中在上呼吸道感染、退热、消化不良等疾病防治的药品。

【素养园地】

目前，人口老龄化是备受关注的问题。国际上把60岁以上老年人口达到总人口的10%，或65岁以上的人口达总人口7%作为国家和地区进入老龄化社会的标准。根据国家统计局发布的数据，2022年末全国人口141175万人，全国60周岁及以上老年人口达到28004万人，占总人口的19.8%；65周岁及以上老年人口达到20978万人，占总人口的14.9%。这意味着中国已经进入了深度老龄化阶段，也就是说每5个中国人中就有一个是老年人。而且，这一比例还在不断上升。预计到2035年左右，60岁及以上老年人口将突破4亿，在总人口中的占比将超过30%，进入重度老龄化阶段。随着老龄化人口的增加，人均寿命的延长，以及老年人口消费能力强、为健康而消费的意愿逐步提高，高血压、糖尿病、心脏病等慢性疾病领域的用药需求会越来越大。

2. 性别结构

性别差异能够显著地影响人们的消费需求，反映到市场上就会出现男性用品市场和女性用品市场。企业可以针对不同性别的差异化需求，生产适销对路的产品，制定有效的营销策略，开发更大的市场。

3. 教育与职业结构

人口的受教育程度与职业不同，对市场需求表现出不同的倾向。随着高等教育规模的扩大，人口的受教育程度普遍提高，收入水平也逐步增加，消费者的购买动机和决策心理正发生变化。人们的健康保健消费持续上升，在关注药品本身的同时，开始关注产品品牌、附加价值等因素，企业应当关注消费者需求的变化，不断调整自身的营销策略。

4. 家庭结构

随着社会经济的发展和人口结构的变化，我国家庭结构呈现小型化与多孩家庭的双线并行的趋势，家庭结构影响消费品类的选择。例如，在多代同堂的家庭中，老人对于健康食品和药品的需求更高，家庭成员也会更关注这类商品，而在年轻家庭中，消费习惯可能更注重娱乐和时尚消费。

（三）人口分布

人口的地理分布对消费需求的影响体现在两个方面。一是人口密度越大，意味着该地区人口越稠密，市场需求也就越集中，我国的人口分布主要集中在东南沿海一带，也是医药产品消费的主要市场。二是人口的地理分布不同，形成了不同消费习惯和市场需求，例如城市人口、农村人口对医药产品的需求是不同的，农村人均收入普遍较低，与城市人口相比，医疗保健意识不强，药品消费量较小，更需要安全、必需、有效、价廉的药品。

二、经济环境

经济环境因素对企业营销有着重要的影响。消费者收入水平会影响消费者的购买力和消费行为。企业需要了解目标顾客所处的经济环境,以制定适应市场需求的营销策略。同时,宏观经济状况、供求关系也会对企业的营销活动产生影响。

(一)消费者收入水平

消费者收入水平决定了购买力的大小,这是分析市场规模的一个不可忽视的因素。消费者收入,是指消费者个人从各种来源中所得到的全部收入,包括工资、奖金、津贴、股息等一切货币收入,这是个人总收入。个人总收入中扣除税金后的剩余部分称为个人可支配收入。个人可支配收入中减去用以日常生活必需品(食品、衣服、房租及其他必需品支出)后的剩余部分称为个人可任意支配收入,这是影响患者需求变化最活跃的因素,这部分收入越多,对医药产品消费需求的要求就越高。在现代社会收入结构与收入水平条件下,治疗疾病的费用远远超过普通居民的收入水平,对于个人和家庭来说,所带来的破坏性作用是毋庸置疑的,极大地影响了医药产品的市场需求。

(二)宏观经济状况

宏观经济发展状况从三个方面影响医药市场营销活动:第一,不同的经济发展阶段有不同的市场需求;第二,不同的经济发展状况有不同的产品和服务;第三,不同的经济发展状况有不同的分销渠道和产品销售方式。

衡量一个国家宏观经济发展状况有以下方法:

1. 罗斯特(Rostow)的经济成长阶段论

该理论认为,一个国家经济的发展可以分为六个阶段,即传统社会阶段、起飞前的准备阶段、起飞阶段、通向成熟阶段、大量消费阶段和追求生活质量阶段。凡经济发展处于前三个阶段的国家属于发展中国家,处于后三个阶段的则可称为发达国家。

业内一般倾向于认为我国正处在由起飞阶段向通向成熟阶段转轨的时期。这个阶段是经济发展中最为重要的阶段,为企业市场营销提供了难得的机遇:第一,经济起飞使得居民的消费水平显著提高,并在一定程度上促进了居民消费结构的优化,医疗保健等发展性消费的支出将大幅度增加,医药市场规模不断扩大;第二,经济高速发展带动了科学技术的进步,为医药企业的技术改造和技术创新打下了坚实的物质技术基础;第三,经济高速发展,客观上为医药市场营销各种策略的创新提供了可能,如新的传播手段、促销手段、分销方式等纷纷出现。

2. 恩格尔(Ernst Engel)定律

德国经济学家和统计学家恩斯特·恩格尔在1857年对英国、法国、德国、比利时等国家不同收入家庭调查的基础上,发现了关于家庭收入变化与各种支出之间比例关系的规律性,提出了著名的恩格尔定律:如果需求函数中的其他因素不变,随着收入的提高,食品支出占收入的比重会不断减小。恩格尔定律表明,在一定条件下,当家庭收入增加时,收入中用于食物开支部分的增长速度要小于用于教育、医疗、娱乐等方面开支的增长速度。

> 【素养园地】
>
> 恩格尔系数是根据恩格尔定律而得出的比例数，即食物消费支出占总收入的比例。按照恩格尔定律，食物支出占家庭总收入的比重是衡量一个国家、一个地区、一个城市、一个家庭生活水平高低的标准。恩格尔系数越小表明生活越富裕，越大则表示生活水平越低。
>
> 联合国根据恩格尔系数的大小，对世界各国的生活水平进行划分，即一个国家平均家庭恩格尔系数大于 60% 为贫穷；50%～60% 为温饱；40%～50% 为小康；30%～40% 属于相对富裕；20%～30% 为富足；20% 以下为极其富裕。
>
> 近年来我国人民生活水平逐年提高，恩格尔系数逐年下降。《中华人民共和国 2023 年国民经济和社会发展统计公报》显示，2023 年我国居民恩格尔系数为 29.8%，其中城镇为 28.8%，农村为 32.4%，人民生活水平平均进入富足阶段。

（三）供求关系

供求关系是市场营销活动的重要构成因素，人、财、物、信息等要素的充分供给，为市场营销活动提供充分条件；同时，市场需求又直接决定着企业的生死存亡。市场供求关系决定了价格策略的运用和市场竞争的性质。

1. 市场供不应求态势

在这种市场态势下，强烈的购买需求会使劣等生产条件下的商品生产者大量涌入市场，此时市场价格是由劣等条件下生产的个别商品价值决定的。这样，供应者可以轻易获取利润而缺乏竞争压力，买方的激烈竞争会引起搭卖、抢购等现象，价格也居高不下。例如，新型传染病的暴发和流行会带来相关治疗、预防用药需求大量增加，价格也会随之快速上涨。

2. 市场供过于求态势

在这种市场态势下，市场的选择权偏向于买方一边，商品价格降到市场价值以下，中等条件下生产的商品可能仅仅维持盈亏平衡，最坏条件下生产的商品连成本也无法维持。过于饱和的市场会导致市场中的生产力大量闲置、商品积压和资金周转困难。

3. 市场供求相对均衡态势

市场供求基本平衡状态下的商品价格由中等条件下生产的商品价值决定。当供给大于需求时，卖方竞争就会强化起来，引起价格下降，从而刺激需求，抑制过度供给；当需求大于供给时，引起价格上升，从而抑制消费，刺激供给增加。

> 【课堂活动】
>
> 分析中药材价格上涨的成因。

三、自然环境

自然环境是指大自然提供给人类的各种物质资料，如阳光、空气、水、森林、土地等。随着人类社会进步和科学技术发展，世界各国都加速了工业化进程，一方面创造了丰富的物质财富，满足了人们日益增长的需求；另一方面，出现了资源短缺、环境污染等问题。总体而言，自然环境有以下几个方面的表现。

（一）自然资源日益短缺

自然资源可以分为两类，一类是可再生资源，如森林、农作物等，这类资源可以被再次生产，但必须防止过度采伐森林和侵占耕地。另一类资源是不可再生资源，如石油、煤炭、金属等，这种资源的蕴藏量有限，随着人类的大量开采，有些矿产处于枯竭的边缘。自然资源短缺，使企业面临原材料价格大涨、生产成本上升的威胁；另一方面又迫使企业寻找更加合理的资源利用方法，开发新的资源和替代品，这些为企业提供了新的营销机会。

（二）环境污染日趋严重

工业生产活动对自然环境带来了深远的影响，造成日趋严重的环境污染问题，一定程度上影响到人们的身体健康和自然生态平衡。环境污染已经引起各个国家政府和公众的密切关注，这对企业的发展是一种压力和约束，要求企业在获取经济利润的同时，要承担环境治理的责任。公众对环境问题的关心，为企业提供了新的营销机会，促使企业创新生产工艺，开发环境友好型产品。

（三）政府干预不断加强

随着自然资源短缺和环境污染等问题的不断出现，各个国家政府加强了对环境保护的干预，颁布了一系列有关环境保护的政策法规，这将影响企业的日常经营管理活动。企业在营销活动过程中需要自觉遵守环境保护的相关政策法规，承担起环境保护的社会责任。同时，企业需要制定有效的营销策略，既要消化环境保护所支付的必要成本，还要在营销活动中挖掘潜力，保证营销目标的实现。

【素养园地】

推动绿色发展，促进人与自然和谐共生

《中华人民共和国国民经济和社会发展第十四个五年规划和2035年远景目标纲要》第十一篇"推动绿色发展，促进人与自然和谐共生"中提出，坚持绿水青山就是金山银山理念，坚持尊重自然、顺应自然、保护自然，坚持节约优先、保护优先、自然恢复为主，实施可持续发展战略，完善生态文明领域统筹协调机制，构建生态文明体系，推动经济社会发展全面绿色转型，建设美丽中国。

坚持山水林田湖草系统治理，着力提高生态系统自我修复能力和稳定性，守住自然生态安全边界，促进自然生态系统质量整体改善。深入打好污染防治攻坚战，建立健全环境治理体系，推进精准、科学、依法、系统治污，协同推进减污降碳，不断改善空气、水环境质量，有效管控土壤污染风险。坚持生态优先、绿色发展，推进资源总量管理、科学配置、全面节约、循环利用，协同推进经济高质量发展和生态环境高水平保护。

四、科学技术环境

科学技术环境是指医药企业所处环境中的技术要素及与该要素紧密相关的各种社会现象的集合。现代科学技术是社会生产力中最活跃和最具决定性的因素，不仅直接影响企业内部的生产和经营活动，还同时与其他环境因素相互依赖、相互作用，影响企业的营销活动。

（一）科学技术进步引起企业营销策略的变化

新技术给企业带来巨大的压力，同时改变了企业生产经营的内部因素和外部环境，带来产品策略、价格策略和促销策略的变化。例如，由于科学技术的迅速发展，新技术应用于新产品开发的周期大大缩短，产品更新换代加快，医药产品的生命周期呈现明显缩短的趋势，开发新产品成了企业开拓新市场和赖以生存发展的根本条件。因此，要求企业营销人员不断寻找新市场，预测新技术，时刻注意新技术在药品开发中的应用，从而开发出给消费者带来更多便利的新产品。

（二）科学技术进步引起企业经营管理的变化

技术进步是管理改革的动力，它向管理活动提出了新课题、新要求，又为企业改善经营管理、提高管理效率提供了科学理论和物质基础。人工智能技术可应用于药物研发中的药物发现、临床前研究、临床试验、化合物筛选、晶型预测等多个场景，显著提高新药研发的效率和成功率；3D打印技术开发了从药物剂型设计、数字化产品开发，到智能制药全链条的专有平台，颠覆了传统固体制剂的开发和生产方式以及药物传递方式；物联网技术能够实现药品全程实时监控、防伪与追溯和药品存储管理，赋能药品销售监控管理。

（三）科学技术进步引起消费行为的改变

我们已经进入了信息时代，消费者对数字信息的获得、分析、传播和使用越来越重视，这些正在不断改变着企业与企业、企业与消费者之间的关系，使消费行为不断地发生变化。信息技术的不断发展，使新的促销方式出现成为可能。医药专业媒体广告更加多样化、信息传播更加快速化，增加了市场范围的广阔性和促销方式的灵活性。尤其是电子商务的迅猛发展，使网络销售成为企业产品分销的重要途径，同时也引起分销实体流动方式的变化，引起物流的一系列革命，快速、低成本、高服务的物流方式和技术被越来越多的医药企业接受。

五、政治法律环境

政治法律环境是指一个国家或地区的政治制度、体制、方针政策、法律法规等因素，这些因素常常制约、影响医药企业的经营行为。对于企业而言，政治环境因很难被准确预测，一旦影响到企业，就会使企业发生十分迅速和明显的变化，而这一变化企业是无法控制的。

（一）政治环境

政治环境是指影响医药企业市场营销活动的外部政治形势。一个国家的政局稳定与否，会给企业营销活动带来重大的影响。如果政局稳定，人民安居乐业，就会给企业营销造成好的环境；相反，政局不稳，社会矛盾尖锐，秩序混乱，就会影响经济发展和市场的稳定。

政治环境对企业营销活动的影响形式主要表现为国家政府所制定的方针政策，如人口政策、能源政策、物价政策、财政政策、货币政策等。例如，国家通过降低利率来刺激消费的增长；通过征收个人收入所得税调节消费者收入的差异，从而影响人们的购买行为；通过对抗癌药、罕见病药的药品和原料等实施零关税，降低药品成本，减轻广大患者特别是癌症患者药费负担，进一步保障人民生命健康。

（二）法律环境

法律环境是指国家或地方政府所颁布的各项法规、法令和条例等，它是企业营销活动的准则，企业只有依法进行各种营销活动，才能受到国家法律的有效保护。国家通过各种立法形式对药品市场进行宏观调控，通过制定《中华人民共和国药品管理法》，加强了对药品全生命周期的监督管理，保证了药品质量和药品疗效的提高，保障人民用药安全，维护人民身体健康；通过制（修）订《药品生产质量管理规范》，规范了药品生产过程；通过制（修）订《药品经营质量管理规范》，保证了药品流通质量的规范化；通过制定《中华人民共和国民法典》，明确签订合同的法人之间的权利和义务关系，以及合同签订、履行、变更和解除的条件；通过制定《商标法》《专利法》，国家对获得商标专用权的企业或有专利权的技术提供法律保护，企业不得使用别人的商标或专利技术，这对拥有商标专用权或专利权技术的企业是重要保障。

由此可见，这些法律法规一方面可以完善市场机制，起到促进经济发展的作用；另一方面可以约束企业的经济活动，使企业的市场营销行为符合社会公众的要求和法律的规范。因此，医药企业要贯彻执行党和国家的路线、方针和政策。当国家在一定时期调整和改变某些方针政策时，企业必须及时地调整自身的市场营销活动，特别要重点分析与自身营销活动有密切关联的法律法规，以明确哪些营销活动是合法的，哪些营销活动是违法的，努力提高依法经营的主动性和自觉性，并要善于依照法律规定来维护企业的合法权益。

六、社会文化环境

社会文化环境是指一个国家或地区的民族特征、教育水平、价值观念、伦理道德、风俗习惯、审美观、宗教信仰等的总和。从某种意义上说，一定时间、空间的社会文化状态，决定着这一特定时空条件下的医药企业经营行为。

（一）消费者的受教育程度

消费者受教育程度的高低影响消费者的价值观念和风俗习惯，而且直接影响人们的消费行为和消费结构。一般来说，受教育程度高的消费者对医药产品的内在质量和技术说明有较高的要求，而受教育程度低的消费者则往往更注重实物外观和样品形象。药品是一种特殊的商品，在其消费过程中，需要有一定的文化知识来支持。即使是OTC医药产品，也需要消费者具备相应的知识，做到对症下药、按说明服药、避免误服药品耽误治疗。因此，医药企业在制定产品营销策略时，应使产品的复杂程度、技术性能与目标消费者的受教育程度适应。

（二）民族及宗教信仰

许多国家的人口是由多民族构成的。不同的民族具有不同的文化背景、风俗习惯，具有不同的消费观念、消费需求和购买习惯。因此，企业营销人员要注意各个民族市场的营销，重视开发适合各民族特性的产品。

宗教是构成社会文化的重要因素，宗教对人们消费需求和购买行为的影响很大。不同的宗教有自己独特的对节日礼仪、商品使用的要求和禁忌。某些宗教组织在教徒购买决策中有重要的影响。因此，企业应充分了解不同地区、不同民族、不同消费者的宗教信仰，提供适合其要求的产品，制定适合其特点的营销策略。

（三）消费者的价值观念

价值观念是指某一社会环境下人们对社会生活中各种事物的态度和看法。不同文化背景下，人们的价值观念往往有着很大的差异，消费者对商品的色彩、标识、式样以及促销方式都有不同的意见和态度。不同的消费者对同一种消费品的价值评价是不一样的，由此会影响到他们的消费行为，具体有：

1. 节俭价值观

崇尚节俭消费，不骄奢浪费，消费以能满足个人基本需求为标准。

2. 功能主义价值观

注重产品的核心价值，不注重外形包装等产品的形式价值，讲究消费的效率。

3. 骄奢价值观

崇尚过度消费，铺张浪费，追求高等级的品牌，注重排场，关注产品的形式多于关心其实际价值，以金钱的挥霍为满足。

4. 时尚消费价值观

追求时髦，紧跟消费潮流，以不落后于甚至超前于时尚为满足。

（四）消费习俗

消费习俗是指人们在长期经济与社会活动中所形成的一种消费方式与习惯。不同的消费习俗，具有不同的商品要求。研究消费习俗，不但有利于组织好消费品的生产与销售，而且有利于正确、主动地引导健康的消费。了解目标市场消费者的禁忌、习惯、避讳等是企业进行市场营销的重要前提。

在研究社会文化环境时，还要重视亚文化群对消费需求的影响，每一种社会文化除核心文化外都包含若干亚文化群。例如，医药文化中，中医药传统文化对越来越多的人产生着影响。因此，企业市场营销人员在进行营销环境分析时应充分考虑到各种文化群，可将其视为细分市场，满足不同消费者的需求。

知识拓展

医药产业特征

医药产业作为最具发展前景的高新技术产业之一，技术创新是实现产业持续增长的发动机。随着已知化合物不断被发现，新药研发难度的不断增加，医药产业愈发呈现出"高技术、高投入、高风险、长周期"的"三高一长"产业特征。

1. 高技术

新药研发过程涉及化合物发现、合成、筛选，多阶段临床试验，上市申请，以及药品生产、上市后的药学服务等众多环节，需要多学科知识的相互渗透，是一种知识密集、技术含量高的新兴产业。

2. 高投入

药品的研究开发、临床试验及市场营销等活动均需要大量的资金投入。尤其是随着对药品监督管理要求的逐步上升，药物在临床试验阶段的项目设计越来越复杂，单个新药的研究开发成本随之不断地上升。

3. 高风险

药物的研究开发一般都要经历基础研究、技术创新研究以及生产、上市与营销等多个阶段，每个阶段都要面临不可规避的风险。以临床试验环节为例，药物开展Ⅰ期至Ⅱ期临床试验的失败率在40.48%，Ⅱ期至Ⅲ期临床试验阶段失败率则高达64.47%，即使药物已经提交上市申请，也仍有10%可能失败。总体来看，药品从发现到上市的成功率仅为11.83%，面临巨大的研究开发风险。

4. 长周期

新药的研究开发从化合物筛选到完成注册申报，往往需要耗费14年左右的时间。其中，药物发现和临床前研究阶段耗费时间为3～6年，Ⅰ/Ⅱ/Ⅲ期临床试验需耗费时间为6～7年，提交上市申请后经0.5～2年获批并实现规模化生产。

小结

1. 药品市场宏观营销环境包括人口环境、经济环境、自然环境、科学技术环境、政治法律环境、社会文化环境等因素。

2. 医药市场营销人员在分析宏观环境时，主要从人口数量、人口结构、人口分布等方面分析人口环境，从消费者收入水平、宏观经济状况、供求关系等方面分析经济环境，从自然资源短缺、环境污染、政府干预等方面分析自然环境，从营销策略、经营管理、消费行为的变化等方面分析科学技术环境，从政治、法律两方面分析政治法律环境，从消费者的受教育程度、民族及宗教信仰、消费者的价值观念、消费习俗等方面分析社会文化环境。

单元二　药品市场微观营销环境分析

【知识目标】

- 能熟练掌握药品市场微观营销环境的内容。

【技能目标】

- 能判断影响企业营销行为的微观营销环境因素。
- 能熟练运用微观营销环境分析指导企业营销活动。

【素养目标】

- 培养严谨细致的市场营销微观环境分析能力。
- 树立系统规划观念，培养市场营销思维。

知识导图

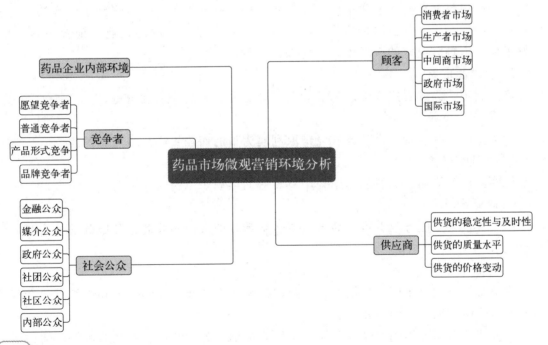

课前案例导学

降压药市场微观营销环境分析

某药企生产的一款降压药，企业内部研发团队不断改进配方以提升药效和降低副作用，这是内部优势。但同时面临资金紧张影响推广的问题。在供应商方面，原料药供应商的价格波动和质量稳定性影响药品成本与品质。营销中介中，学术代表与医疗机构、药店的合作紧密程度决定铺货范围和销量，而一些药店更倾向推荐高利润的竞品。顾客方面，患者对降压药的疗效、价格、副作用敏感，不同年龄和经济状况的患者需求各异。竞争者中，既有其他药企的同类降压药竞争，还有新兴的降压治疗方案争夺市场份额，这些微观因素共同影响该降压药在市场中的营销情况。

 知识学习

微观营销环境是指与企业紧密相连、直接影响企业营销能力和效率的各种力量和因素的总和，主要包括供应商、营销中介、顾客、竞争者、社会公众、企业内部环境等。微观环境因素对企业的营销活动产生直接的影响，所以又称直接营销环境。

一、顾客

（一）顾客的分类

顾客是医药企业营销环境中最重要的微观环境因素，是企业服务的对象，企业营销活动应当以满足顾客的需求为中心。任何企业的产品和服务，一旦得到了顾客的认可就赢得了市场。所以，分析顾客的需求，了解顾客对产品的态度是企业营销管理的核心。一般来说，由顾客组成的市场可以分为以下五种。

1. 消费者市场

指为满足个人或者家庭消费需求而购买产品和服务的个人和家庭。

2. 生产者市场

指为生产产品或者提供劳务，以赚取利润为目的而购买产品与服务的组织。

3. 中间商市场

指为获取利润而购买商品和服务用以转售的组织。

4. 政府市场

指为提供公共服务或者将商品与服务转给需要的人而购买商品和服务的政府和非营利机构。

5. 国际市场

这类市场是相对于国内市场而言，指国外购买产品及服务的个人和组织，包括国外的消费者、生产商、中间商和政府等。

企业要认真研究不同的顾客群体，了解其类别、需求特点、购买动机等，使企业的营销活动能够精准地针对顾客需要，符合顾客的愿望。

（二）企业与顾客关系的协调

顾客关系是企业与顾客之间的关系，消费者不仅要求物质的满足，而且要求精神上的满足。医药企业要想实现以市场为导向的长远营销发展战略，就要在营销过程中实现顾客不同层次的满意与信任、信用和信誉等方面的有机整合。

1. 顾客的心理满意与认知信任

在营销过程中，当企业提供有关药品知识和信息方面的服务超出了顾客的预期，这时的顾客对营销人员提供的服务感到满意，是顾客对有关疾病的针对性信息需求得到满足的一种心理表现，即心理满意。在顾客达到心理满意时，才会伴随产生认知信任，这种信任是基于基础层面，它可能会因为志趣、环境等方面的变化而转移，当然顾客只有达到认知信任，才有可能采取行动来购买产品。

2. 顾客的产品满意与情感信任

当顾客购买和使用药品，缓解了疾病症状或者治愈了疾病，这时的实际感受等于期望感受，顾客会形成物质满意，即对药品的满意，这是顾客满意的核心。顾客的期望是在获取企业信息过程中形成的，营销人员通过提供准确的信息使顾客得到了药品的使用价值，实现了顾客对药品的满意。这时，顾客对营销人员的信任也由原来的认知信任上升到情感信任。

3. 顾客的社会满意与行为信任

社会满意主要是企业依靠产品所蕴含的道德价值、社会文化价值和生态价值来实现。简单地说，顾客的心理满意和产品满意可以升华为对社会的满意。顾客的满意能够形成良好的口碑效应，为医药企业带来良好的信用和信誉，此时才会形成行为信任，表现为顾客重复购买，使顾客与企业之间关系保持长期维持状态及对医药企业和产品给予重点关注，并且在这种关注中寻找巩固信任的信息或者求证不信任的信息以防受欺。

【课堂活动】
　　医药营销人员如何与顾客建立合作关系？

二、供应商

供应商是指向企业提供生产产品或者服务所需资源的企业或个人。供应商所提供的资源主要包括原材料、零部件、能源及机器设备等。企业如果不能获取这些资源作为保障，也就无法提供给市场所需要的产品。因此，社会生产活动的需要，形成了企业与供应商之间的紧密联系。

（一）供应商对企业营销的影响

1. 供货的稳定性与及时性

原材料、零部件、能源等资源的保证是医药企业保障营销活动顺利进行的前提。企业面对瞬息万变的市场，需要针对市场需求及时调整计划，只有供应商能够稳定及时地提供产品生产所需要的生产资料，才能保障生产的顺利进行和产品的按期交付。因此，企业要与供应商建立合作共赢的战略关系，确保原材料、设备等资源的稳定和及时供应。

2. 供货的质量水平

供应商能否供应质量有保证的生产资料直接影响到企业产品的质量，进一步会影响到销售量、利润及企业信誉。例如劣质的原料药难以生产出高质量的药品，这将影响药品的安全性和有效性，进一步会影响到销售量、利润及企业信誉。企业必须了解供应商的产品，分析其产品的质量标准，从而来保证自己产品的质量，赢得消费者，赢得市场。

3. 供货的价格变动

医药企业需要不断地追逐利润，即以最小成本获得最大产出。供应的货物价格变动将会直接影响药物的成本。如果供应商提高原材料价格，必然会带来企业的产品成本上升，生产企业如提高产品价格，会影响市场销路；如果保持价格不变，就会减少企业的利润。为此，企业必须密切关注和分析供应商的货物价格变动趋势，使企业应变自如，早作准备，积极应对。

（二）企业与供应商的协调

1. 坚持双赢原则

企业和供应商存在竞争的关系，但更应该是合作伙伴，双方之间需要建立长期的稳定伙伴关系和供应链，降低外部交易成本，使双方在交易过程中均能够实现经营目标，避免两败俱伤。

2. 加强双向信息沟通

处理与供应商关系的重要手段是加强信息沟通。企业应及时将自身经营状况、产品调整情况、企业对供应货物的要求（价格、供货期限、质量要求等）通知供应商，以便协调双方立场。

3. 对供应商进行分类管理

根据供应商对企业供应货物的重要程度、稀缺程度、供应量大小等标准划分为不同等级，以便确保重点，兼顾一般。

4. 使供应商多样化

企业过分依赖一个或几个供应商，会导致供应商任何的细微变化都会影响企业的正常经营运作，也会降低对供应商的议价能力。为此，企业应使供应商多样化，使企业始终处在一个有利的位置。当然，在确定这一原则时需要与主要供应商保持良好关系，处理好多样化和特殊性的关系。

三、竞争者

在市场经济环境下，任何企业在目标市场进行营销活动时，不可避免地会遇到竞争对手的挑战。因而，竞争对手的营销策略及营销活动都将直接对企业经营管理造成影响。企业的竞争对手不仅包括同行业竞争者，还包括跨行业竞争者。从消费需求的角度可以将竞争者划分为以下四种。

1. 愿望竞争者

是指在同一市场上销售类似产品但满足不同消费者愿望的其他公司或品牌。它们通过满足消费者不同的需求和愿望来吸引消费者，并与其他竞争者争夺市场份额。愿望竞争者通常通过创新、个性化定制等方式来满足消费者的特殊需求。

2. 普通竞争者

是指在同一市场上销售类似产品或提供类似服务，满足消费者同一需要的其他公司或组织，如生产青霉素的医药企业与生产先锋霉素、头孢氨苄的医药企业之间的竞争。普通竞争者是企业经营过程中常常遇到的竞争对手类型。

3. 产品形式竞争

指提供同类但规格、型号、款式不同的产品满足相同需求的竞争者。由于这些同种但形式不同的产品在对同一种需要的具体满足上存在着差异，购买者有所偏好和选择，因此这些产品的生产经营者之间便形成了竞争关系，互为产品形式竞争者。如生产同种药品的颗粒剂、胶囊剂、片剂等不同剂型和规格的药品企业之间的竞争。

4. 品牌竞争者

指提供相同产品，且规格、型号也基本相同，但品牌不同的产品的竞争者。品牌竞争者之间的产品相互替代性较高，因而竞争非常激烈，各企业均以培养顾客品牌忠诚度作为争夺顾客的重要手段。

四、社会公众

社会公众是指能够对企业营销活动产生实际或潜在利益关系和影响力的各种群体的总称。公众对企业的态度，既可以有助于企业树立良好的形象，也可能妨碍企业的形象。企业需要处理好与主要公众的关系，争取公众的支持和偏爱，营造和谐、宽松的营销环境。企业面临的社会公众主要有以下六种。

1. 金融公众

主要包括银行、投资公司、证券公司、保险公司等，能够对企业的融资产生重要的影响。

2. 媒介公众

主要包括互联网、报纸、杂志、电视台等传播媒介，它们掌握传媒工具，有着广泛的社会联系，通过发表社会舆论，影响公众对企业的认识和评价。

3. 政府公众

主要指能够对企业营销活动产生影响的各级政府部门，如市场监管部门、药品监管部门、卫生部门、税务部门、医保管理部门等。

4. 社团公众

主要指与企业营销活动有关的非政府机构，如消费者组织、环境保护组织，以及其他群众团体。这些社团公众的意见和建议，往往对企业营销决策有着十分重要的影响。

5. 社区公众

主要指企业所在地附近的居民和社区团体。企业与社区处在同一区域内，应当主动与社区保持良好的社会关系，有助于赢得社区居民的好评，帮助企业在社会上树立形象。

6. 内部公众

指企业内部的管理人员及一般员工，企业的营销活动离不开内部公众的支持。企业应该处理好与广大员工的关系，调动员工开展营销活动的积极性和创造性。

【素养园地】

美国著名企业家亚科卡非常善于处理与新闻界的关系，他说："当某一个人因某事受到谴责时，新闻界马上给予公布，而当事实证明他无辜时，新闻界的报道则很迟缓。要跨越这一差距，靠的就是和新闻界人士的良好关系。"亚科卡的经验是："善于与新闻界人士接触，无论是在顺境中还是逆境中。""坚持每季召开记者招待会，不论是好结果，还是坏结果。""讲真话，坦率诚实地对待新闻界人士。""当记者陷入困境时，给他们提供真心实意的帮助。""对故意刁难的记者不必恼怒和发火，故意不理睬他就可以了。"

亚科卡的忠告是："一个得不到新闻界信任和好感的企业，是不可能有大发展的。能得到新闻界的信赖，是一个企业最重要的财富。"

五、药品企业内部环境

企业在制订市场营销计划和开展市场营销活动时，会受到内部其他部门，如财务管理、研究与开发、人力资源等职能部门的影响，这些因素共同构成了企业内部环境。

企业市场营销部门与其他业务部门之间既有多方面的合作，也存在争取资源方面的矛盾。企业在制订营销计划、开展营销活动时，必须考虑到与其他各个部门之间的合作和协调，服务于企业整体营销目标。企业经营活动没有各个部门之间的协调就难以避免内部的摩擦与消耗。因此，如何通过内部有效沟通，协调各个部门和营销管理系统之间的内部关系，就成为营造良好微观环境，更好地实现整体营销目标的关键。

知识拓展

药品市场微观营销环境分析

在企业内部，××××公司拥有顶尖的研发团队，持续投入大量资金进行胰岛素研发创新，不断改进产品配方和给药方式，像研发出的长效胰岛素类似物等，为患者提供更优质的治疗方案；同时其内部的生产部门严格把控质量，确保产品符合高标准。在供应商方面，与高质量的原材料供应商长期合作，保障生产胰岛素的核心材料供应稳定且质量可靠，从源头上保证产品品质。对于营销中介，与各大医药批发商和专业的学术代表团队紧密协作，学术代表深入医院和基层医疗单位，为医护人员详细讲解产品特点和使用方法，批发商则保障产品高效地配送至各个终端。在顾客层面，糖尿病患者群体庞大且需求多样，××××公司通过患者教育项目、社区医疗服务等多种途径了解患者需求，改进产品和服务。在竞争者方面，尽管有其他药企的胰岛素产品竞争，但××××公司凭借其品牌优势、优质产品和完善的服务，在胰岛素市场占据重要地位，不断根据竞争态势调整营销重点，比如加大对新型胰岛素产品的市场推广力度以应对竞争。

小结

药品市场微观营销环境包括顾客、供应商、竞争者、社会公众、企业内部环境等因素。

 牛刀小试

一、选择题

（一）单选题

1. 市场营销学认为，企业市场营销环境包括（　　）。
   A. 人口环境和经济环境　　　　　　B. 微观环境和宏观环境
   C. 自然环境和文化环境　　　　　　D. 政治环境和法律环境
2. 下列选项属于人口环境因素的是（　　）。
   A. 人口规模　　B. 公众　　C. 顾客　　D. 竞争者
3. 影响消费需求变化的最活跃的因素是（　　）。
   A. 人均国内生产总值　　　　　　　B. 个人收入
   C. 个人可支配收入　　　　　　　　D. 可任意支配收入
4. 随着家庭收入增加，用于购买食物的支出占家庭收入的比重就会（　　）。
   A. 上升　　B. 下降　　C. 不变　　D. 不一定
5. 与企业紧密相联，直接影响企业营销能力的各种参与者，被称为（　　）。
   A. 营销环境　　B. 宏观营销环境　　C. 微观营销环境　　D. 营销组合
6. 企业的员工，包括高层管理人员和一般员工，都属于（　　）。
   A. 内部公众　　B. 社团公众　　C. 一般公众　　D. 主要公众
7. 由于社会文化方面的影响，消费者产生共同的审美观念、生活方式和兴趣爱好，从而造成社会需求的一致性，这就是（　　）。
   A. 价值观念　　B. 消费习俗　　C. 消费时潮　　D. 宗教信仰
8. 下列选项属于微观市场营销环境因素的是（　　）。
   A. 文化　　B. 人口环境　　C. 顾客　　D. 科学技术
9. 下列选项属于宏观市场营销环境因素的是（　　）。
   A. 文化　　B. 供应商　　C. 顾客　　D. 营销中介
10. 提供不同产品以满足不同需求的竞争者是（　　）。
    A. 愿望竞争者　　B. 属类竞争者　　C. 产品形式竞争者　　D. 品牌竞争者

（二）多选题

1. 企业的微观营销环境包括（　　）。

A. 企业本身 B. 供应商 C. 顾客
D. 竞争者 E. 社会公众

2. 顾客是企业服务的对象,包括（　　）。
A. 消费者市场 B. 生产者市场 C. 中间商市场
D. 政府市场 E. 国际市场

3. 社会文化环境包括（　　）。
A. 消费者的受教育程度 B. 民族
C. 宗教信仰 D. 价值观念 E. 消费习俗

4. 人口是构成市场的第一位因素。人口环境包括（　　）。
A. 人口总量 B. 年龄结构 C. 个人收入
D. 家庭组成 E. 人口性别

5. 社会公众包括（　　）。
A. 金融公众 B. 媒介公众 C. 社团公众
D. 社区公众 E. 政府公众

二、简答题

1. 市场的微观环境和宏观环境各包含了哪些内容？
2. 医药企业如何协调与供应商之间的关系？
3. 人口结构变化对医药企业营销带来的影响有哪些？
4. 医药产业的特征有哪些？
5. 科学技术进步给医药企业营销活动带来哪些方面的影响？

三、案例分析题

1996年，耶鲁大学的一个医学研究小组经过研究发现：过量服用苯丙醇胺（PPA）会使患者血压升高、肾功能衰竭、心律失常，严重的可能导致中风、心脏病而丧生。随即，该小组向美国食品药品监督管理局（FDA）提出了禁止使用PPA的建议。2000年11月，中国政府下发通知：禁止PPA！作为PPA感冒药的最大制造商，中美史克（ZMSK）公司首当其冲。

面对突如其来的变化，ZMSK公司迅速作出回应。接到通知的11月16日，公司立即由10位经理等主要部门主管组成危机管理小组，10余名工作人员负责协调、跟进。危机管理小组分工如下：危机管理领导小组制定应对危机的立场基调，统一口径，并协调各小组工作；沟通小组负责信息发布和内、外部的信息沟通，是所有信息的发布者；市场小组负责加快新产品开发；生产小组负责组织调整生产并处理正在生产线上的中间产品。

危机管理小组发布了危机公关纲领：执行政府暂停令，向政府部门表态，坚决执行政府法令，暂停生产和销售；通知经销商和客户立即停止康泰克（KTK）感冒药和康得（KD）感冒药的销售，取消相关合同；停止广告宣传和市场推广活动。经过慎重考虑，公司给予经销商明确的允诺，没有返款的不用再返款，已经返款的以100%的比例退款，ZMSK 公司在关键时刻以自身的损失换来了经销商的忠诚。

即日，全体员工大会召开，总经理向员工通报了事情的来龙去脉，表示了公司不会裁员的决心，赢得了员工空前一致的团结精神。同日，全国各地的 50 多位销售经理被迅速召回天津总部，危机管理小组深入其中做思想工作，以保障企业危机应对措施的有效执行。18 日，他们带着 ZMSK《给医院的信》《给客户的信》回归本部，应急行动纲领在全国各地按部就班地展开。公司专门培训了数十名专职接线员，负责接听来自客户、消费者的问询电话，做出准确专业回答以打消疑虑。21 日，15 条消费者热线全面开通。

同时，公司还积极同媒体沟通，在北京召开了新闻媒介恳谈会，做出"不停投资"和"无论怎样，维护广大群众的健康是 ZMSK 公司自始至终坚持的原则，将在国家药品监督部门得出关于 PPA 的研究论证结果后为广大消费者提供一个满意的解决办法"的立场态度和决心。

因为这些措施落实到位，KTK 良好的品牌形象得以保存下来。然而 ZMSK 面临的最大的困难来自公司内部。为了说服公司的大股东恢复对公司的信心，继续向公司投资，ZMSK 高层把股东请到了生产地点，让他们看到企业的员工都保持着高昂的士气；同时，还从英国和美国的研究总部调来专家论证抗感新药的可行性。另外做出一套完整的解决方案，让总部知道公司将如何处理这些棘手的问题，需要总部提供什么资源，而这一切都有科学数据做支持。总部在这一番科学论证中，看到了重新获得的商机，同意继续追加投资。

股东的信心、充裕的流动资金和良好的商业信誉使得 ZMSK 在整个过程中并没有出现严重的财务危机。不仅扛住了销毁 KTK 所造成的 7 亿元的直接经济损失，而且还有后续资金进行新药的研发。2001 年 9 月 4 日，重新上市的新 KTK 用 PSE（伪麻黄碱）代替了 PPA，并且用环保性能更好的水溶媒代替了有机溶媒，而 ZMSK 为此买进的新缓释技术和配套的生产设备总共花费 1.45 亿元。

KTK 曾经稳坐感冒药市场头把交椅，市场份额占到 40%，PPA 风波发生后，这一王牌感冒药瞬间被打入冷宫，但是，直至"新 KTK"重出江湖，整个治疗感冒的 OTC 市场在过去的 292 天时间里，并没有一家药业脱颖而出成为领跑者，市场呈现出一种势均力敌的态势，个中原因值得玩味。

1. 结合案例谈一下市场营销环境对企业营销的影响。
2. 市场变化莫测，一场危机对于企业来说就像一场疾病那样防不胜防，新 KTK 为什么能较快地化解危机，摆脱威胁？有哪些值得借鉴的经验？

牛刀小试答案

单元实训　利用 SWOT 模型分析大型连锁药店的优劣势

一、实训目的

围绕 SWOT 模型对背景资料进行全面分析，判断影响连锁药店营销行为的因素，深入剖析连锁药店面临的经营环境，全面提升学生分析药品市场营销环境的能力。

二、实训准备

（一）实训分组

6～8 人一组，确定组长，实行组长负责制。

（二）实训材料

教师提前打印好背景材料，按照序号进行排序。

（三）背景资料

青岛同方药业连锁有限公司

2003 年 4 月，同方药业第一家门店在城阳开业，2004 年 8 月，青岛同方药业连锁有限公司成立，经过 20 年的发展，现有门店 700 余家，员工 2000 多人，已发展成为青岛医药零售行业的龙头企业。公司旗下有 1 家批发公司，1 家同方医院，1 家互联网医院，3 家杏霖堂中医馆，1 家医疗器械批发公司，是一家集药品、保健品、中药饮片、日用百货、药妆、医疗器械批发、中医养生馆、医院、互联网医院于一体的综合性企业。

公司经营面积 9 万多平方米，与全国 1000 余家知名品牌企业达成战略合作，经营品种达 10000 多种，拥有 17000 平方米的仓储配送中心，销售网络遍布岛城 7 区 3 市及潍坊地区，2022 年公司销售超过 10 亿元，纳税 4000 余万元，未来将沿青岛市最新规划的 1 小时经济圈向岛城周边城市发展，2023 年 10 月份已经走出青岛，在潍坊收购、新开 40 余家门店，未来三年同方药业门店数量将突破 2000 家，走向资本市场；公司近年来累计向社会各界捐款 1300 多万元，被中国社会福利基金会评为"战略合作伙伴""爱心企业"等。同方药业成立 20 年来，一直秉承"同心同德、善济四方"的企业精神，坚持"让顾客感动、让员工驱动、让厂商联动、让品牌轰动"的经营理念，践行"打造员工成长、厂商爱戴、顾客青睐的行业领先平台"的企业使命，以严格的管理、专业的服务赢得了良好的社会信誉。连续 8 年被评为"全国百强医药连锁"企业，2023 年位列全国医药百强直营力第 35 名。

三、实训流程

（一）小组自主探究

各小组进行抽签，针对抽到的背景材料进行自主探究。

(二)教师巡回辅导

教师针对各小组的困惑,提出解决措施。对于共性问题,实施集中讲解。

(三)分析报告撰写

各小组将实训活动得出的结果整理成纸质报告,条理清晰地列出连锁药店营销环境分析的结果。

(四)课上成果汇报

各小组针对实训活动的内容和结论进行课堂PPT汇报,并通过教师点评和小组互评进行评分。

(五)课后实训总结

针对本次实训内容进行总结,梳理相关材料,形成实训任务书。

四、实训评价

实训评价采用过程与结果相结合的形式,考核内容如表2.6.1所示。

表2.6.1 实训评价表

组成	指标	内容	分值/分	得分/分
过程考核(50分)	实训纪律	严格遵守实训课堂规章制度,不迟到早退	10	
	团队合作	与小组组员共同研究、探讨,完成实训任务	20	
	实训态度	积极主动参与到课堂实训中来,能够听取同学和老师的建议	20	
结果考核(50分)	分析结果	能够运用SWOT模型正确分析连锁药店面临的经营环境,准确判断影响连锁药店营销行为的因素,分析结果全面、准确	25	
	成果汇报	汇报内容全面、准确,思路清晰,表达流利	25	

模块三

药品市场营销综合实践

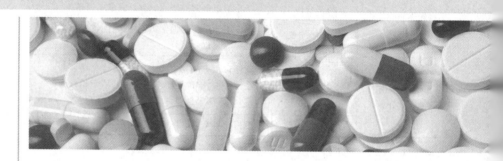

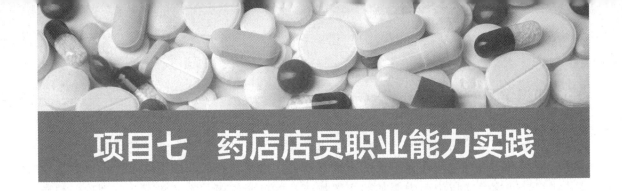

项目七 药店店员职业能力实践

单元一 问病荐药

【知识目标】

- 掌握常见疾病治疗药物的合理用药、适用范围及不良反应。
- 熟悉常见病的概述和临床症状。
- 了解常见病的诊断标准。

【技能目标】

- 能够根据患者的临床症状初步判断疾病种类。
- 能够对患者或患者家属进行正确的用药指导。

【素养目标】

- 培养扎实严谨、认真细心的工作态度。
- 培养药品安全管理及应用意识,提高职业素养。

知识导图

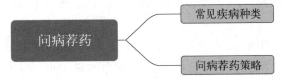

课前案例导学

一位40多岁女性顾客进店后问询感冒药在哪里。她来到感冒药柜台前犹豫不决,不时看看服务人员。

你作为药店药师,要怎样引导顾客正确表述病情,为顾客推荐适合的药物,最后成功地让顾客在本店购买药品,并让顾客成为你的"回头客"?

为患者推荐合适的药物(文本)

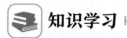 知识学习

问病荐药是指药店店员通过问诊，对患者或知情人进行全面、系统的询问而获得疾病相关资料，从而有针对性地对该疾病推荐药物，是零售药店药学服务工作岗位的主要技能之一。问病荐药作为药学服务的主要技能发挥重要作用。本节将对药店常见疾病及其相关的药品做相关介绍。

一、常见疾病种类

（一）感冒

1. 概述

感冒是由呼吸道病毒引起的上呼吸道（主要是指鼻部、咽部）感染性疾病，分为普通感冒（上感）和流行性感冒（流感）两种类型。

普通感冒俗称上感，又称伤风，是一种常见的急性上呼吸道病毒性感染性疾病，以冬春季节多发，但不会出现大流行。

流行性感冒，是由流感病毒引起的急性呼吸道传染病，主要通过飞沫及接触传播，传染性强，可引起大流行。

2. 临床症状

（1）普通感冒　起病较急，潜伏期1~3天。主要表现为鼻部症状，如打喷嚏、鼻塞、流清水样鼻涕，也可表现为咳嗽、咽干、咽痒、咽痛或灼热感。2~3天后鼻涕变稠，常伴咽痛、流泪、味觉减退、呼吸不畅、声嘶等。一般无发热及全身症状，或仅有低热、轻度畏寒、头痛等不适症状。

（2）流行性感冒

① 单纯型流感：常起病突然，畏寒高热，体温可达39~40℃，多伴头痛、全身肌肉关节酸痛、食欲减退等症状。一般发病3~4天后体温逐渐消退，全身症状好转，但停止咳嗽、体力恢复常需1~2周。轻症流感与普通感冒相似，症状轻，2~3天可恢复。

② 肺炎型流感：实质上就是并发了流感病毒性肺炎，多见于老年人、儿童、有心肺基础性疾患的人群。主要表现为高热不退，剧烈咳嗽、咳血痰或脓性痰，肺部可闻及湿啰音。胸片提示两肺有散在的絮状阴影。可因呼吸循环衰竭而死亡。

③ 中毒型流感：表现为高热、休克、呼吸衰竭、中枢神经系统损害及弥散性血管内凝血（DIC）等严重症状，病死率高。

④ 胃肠型流感：除发热外，以呕吐、腹痛、腹泻为显著特点，儿童多于成人。2~3天即可恢复。

3. 诊断标准

（1）临床表现　出现咽干、咽痒、打喷嚏、鼻塞、咳嗽、流泪、头痛等症状。

（2）血常规检查　血常规显示白细胞总数正常或降低，淋巴细胞比例升高。

(3) 病原学检查　病毒核酸检测阳性，病毒抗原检测阳性，病毒特异性抗体 IgG（免疫球蛋白 G）恢复期比急性期升高≥4 倍，病毒分离培养阳性等。

（二）支气管哮喘

1. 概述

支气管哮喘（bronchial asthma），简称哮喘，是由多种炎性细胞（如嗜酸性粒细胞、T 淋巴细胞、肥大细胞、中性粒细胞等）、气道结构细胞（如平滑肌细胞、气道上皮细胞等）和细胞组分参与的气道慢性炎症性疾病。其临床表现为反复发作性的喘息、呼气性呼吸困难、胸闷或咳嗽等。

哮喘的病因比较复杂，主要为宿主因素（如遗传因素、肥胖、性别等）和环境因素（如变应原、病原体、空气污染、饮食和药物等），其他如运动、过度通气、气候变化、情绪波动等也可以成为哮喘的诱发因素。其发病机制为变态反应、气道慢性炎症、气道高反应性和自主神经功能紊乱等。

2. 临床症状

(1) 症状　典型的症状为发作性伴有哮鸣音的呼气性呼吸困难。多与接触过敏原、冷气、物理或化学性刺激以及上呼吸道感染、运动等有关。哮喘症状可在数分钟内发作，持续数小时至数天，可经支气管舒张剂等平喘药物治疗后缓解或自行缓解。某些患者在缓解数小时后可再次发作。夜间和（或）凌晨发作或加剧是哮喘的重要临床特征。有些患者，尤其是青少年，其哮喘症状在运动时出现，称为运动性哮喘。此外，临床上还存在无喘症状的不典型哮喘，患者可表现为慢性咳嗽症状，以咳嗽为唯一症状的不典型哮喘称为咳变异性哮喘。

(2) 体征　发作时典型的体征是双肺可闻及广泛的哮鸣音，呼气音延长。但非常严重的哮喘发作时，哮鸣音反而减弱，甚至完全消失，表现为"沉默肺"，是病情危重的表现。心率增快、奇脉（吸气时脉搏显著减弱或消失）、胸腹反常运动（吸气时腹壁内移与正常相反）和发绀常出现在严重哮喘患者中。非发作期体检可无异常发现。

3. 诊断标准

(1) 反复发作喘息、气急、胸闷或咳嗽，常与接触变应原、物理或化学刺激、冷空气、病毒性上呼吸道感染及运动等有关。

(2) 发作时在双肺可闻及散在或弥漫性以呼气相为主的哮鸣音，呼气相延长。

(3) 上述各症状和体征可经治疗缓解或自行缓解。

（三）慢性咽炎

1. 概述

慢性咽炎是指咽部黏膜、黏膜下及淋巴组织的慢性炎症，常为上呼吸道慢性炎症的一部分。患者常有异物感、灼热感、干燥感、痒感等不适症状。该病多见于成年人，病程长，症状顽固，不易治愈。

慢性咽炎的发病原因和发病机制极为复杂，急性咽炎的反复发作是导致慢性咽炎的主要原因。此外，引起本病的原因较多，主要有局部原因（急性疾病迁延），外界因素（气候、烟酒、辛辣刺激），职业因素（教师、演员等）。

2. 临床症状

慢性咽炎一般无明显全身症状，以局部症状为主。可能出现咽部异物感、痒感、灼热感、干燥感或微痛感等局部症状。常有黏稠分泌物附着于咽后壁，使患者晨起时出现频繁的刺激性咳嗽，伴恶心。由于咽部异物感可表现为频繁吞咽，用力咳嗽或清嗓子可引起咽部黏膜出血，造成分泌物中带血，咳嗽无痰或仅有颗粒状藕粉样分泌物咳出，萎缩性咽炎患者有时可咳出带臭味的痂皮。病程长，症状常反复，不易治愈。

3. 诊断标准

患者出现连续咽部不适感病史 3 个月以上，结合患者咽部黏膜慢性充血，小血管曲张，呈暗红色，表面有少量黏稠分泌物等症状诊断。

（四）糖尿病

1. 概述

糖尿病是一种常见的内分泌代谢疾病，是由多种原因引起的胰岛素分泌不足或作用缺陷（胰岛素抵抗），或两者同时存在而引起的以慢性高血糖为特征的代谢紊乱。久病可引起多种并发症。糖尿病的患病人数正随着人口老龄化的加剧、生活水平的提高、饮食结构的改变和体力劳动的减少而迅速增加。目前，糖尿病已成为严重威胁人类健康的世界性公共卫生问题、威胁人类健康的第三大杀手。

糖尿病的发病机制尚不明确，可能与遗传、环境、肥胖等因素有关。糖尿病存在家族发病倾向，1/4～1/2 患者有糖尿病家族史，临床上有 60 种以上的遗传综合征可伴有糖尿病；进食过多、体力活动减少导致的肥胖是糖尿病最主要的环境因素，具有遗传易感性的个体容易发病。

目前，国际上通用世界卫生组织糖尿病专家委员会提出的分型标准（1999 年），可分为 4 型。

（1）1 型糖尿病（T1DM） 胰岛 β 细胞破坏，常导致胰岛素绝对缺乏。估计我国 T1DM 占糖尿病患者总数的比例小于 5%。

（2）2 型糖尿病（T2DM） 占糖尿病患者总数的 90%～95%，从以胰岛素抵抗为主伴胰岛素进行性分泌不足到以胰岛素进行性分泌不足为主伴胰岛素抵抗。

（3）特殊类型糖尿病 是在不同水平上（从环境因素到遗传因素或两者间的相互作用）病因学相对明确的一些高血糖状态，包括某些遗传缺陷、胰腺病变（胰腺炎、胰腺创伤、胰腺肿瘤）、内分泌病变（生长激素、肾上腺皮质激素、胰高血糖素、肾上腺素等升糖激素可拮抗胰岛素的作用）、某些药物或化学品所致等。

（4）妊娠糖尿病（GDM） 是妊娠期间发生的不同程度的糖代谢异常。不包括孕前已诊断或已患糖尿病的患者，后者称为糖尿病合并妊娠。

2. 临床症状

（1）代谢紊乱综合征 常被描述为"三多一少"，即多尿、多饮、多食、体重减轻，可伴有皮肤瘙痒（尤其是外阴瘙痒）、视物模糊等，许多糖尿病患者并无明显症状，仅于健康检查或因各种疾病就诊化验时发现高血糖。

（2）糖尿病常见类型的临床特点　见表3.7.1。

表3.7.1　糖尿病常见类型的临床特点

类型	临床特点
1型糖尿病	①任何年龄均可发病,但30岁前最常见; ②起病急,多有典型的"三多一少"症状; ③血糖显著升高,经常反复出现酮症; ④血中胰岛素和C肽水平很低,甚至检测不出; ⑤患者胰岛功能基本丧失,需要终身应用胰岛素替代治疗; ⑥成人晚发自身免疫性糖尿病(缓慢进展型1型糖尿病)的发病年龄在20～48岁,患者消瘦,易出现大血管病变
2型糖尿病	①一般有家族遗传病史; ②起病隐匿、缓慢,无症状的时间可达数年至数十年; ③临床上与肥胖或超重、血脂异常、高血压等疾病常同时或先后发生; ④由于诊断时患者所处的疾病进程不同,其胰岛β细胞功能表现差异较大,有些早期患者进食后胰岛素分泌高峰延迟,餐后3～5h血浆胰岛素水平不适当升高,引起反应性低血糖; ⑤随着病程延长,可出现糖尿病慢性并发症

（3）并发症　随着病情发展，脂肪、蛋白质代谢紊乱，有些患者常出现眼、肾、心脏、神经、血管等组织器官慢性进行性病变。常见的慢性并发症有：①动脉硬化、冠心病等；②视网膜病变、糖尿病性肾病等微血管病变；③缺血性脑卒中、周围神经炎、自主神经功能紊乱等神经系统病变；④糖尿病足（严重时足部缺血、溃疡坏死）及白内障、青光眼等其他眼部并发症；⑤各种感染，如结核病、体癣、肾盂肾炎等。急性并发症有糖尿病酮症酸中毒、糖尿病非酮症高血糖高渗性昏迷等。

3. 诊断标准

（1）随机血糖≥11.1mmol/L（200mg/dL），加上典型糖尿病症状（如烦渴多饮、多尿和不明原因体重下降等）。

（2）空腹（至少8h没有进食热量）血糖≥7.0mmol/L（126mg/dL）。

（3）口服葡萄糖耐量试验（OGTT）2h血糖≥11.1mmol/L（200mg/dL）。

（4）糖化血红蛋白≥6.5%。

（五）高血压

1. 概述

高血压是以体循环动脉压升高、周围小动脉阻力增高，同时伴有心排血量和血容量增加为主要表现的临床综合征，可导致心、脑、肾及周围血管、眼底等靶器官损害和功能障碍。

临床上分为原发性及继发性两类。原发性高血压又称高血压病，与遗传、环境有关，约占高血压患者的95%。另有5%是继发性高血压。后者有明确的原发性疾病（如肾病、内分泌疾病、动脉炎症等）。

2. 临床症状

（1）一般症状　常见症状有头痛、头晕、心悸，如发生高血压的严重并发症，即靶器官功能性或器质性损害，则出现相应的临床表现。

（2）主要并发症　高血压后期血压常持续在较高水平，除上述早期的一般症状外，还可能出现脑、心、肾等一个或几个器官受损的临床表现。

心：高血压心脏病。

肾：慢性肾衰竭。

大血管：高血压是导致动脉粥样硬化的重要因素。

眼底：视网膜病变是常见的高血压并发症。

脑：高血压可致脑部小动脉痉挛。

3. 诊断标准

在未使用降压药物的情况下，非同日3次测量诊室血压，收缩压（SBP）≥140mmHg和（或）舒张压（DBP）≥90mmHg。其中SBP≥140mmHg和DBP＜90mmHg为单纯收缩期高血压。根据高血压水平，又进一步将高血压分为1级、2级和3级。如表3.7.2所示。

表3.7.2　血压诊断标准

分类	收缩压/mmHg	条件	舒张压/mmHg
正常血压	＜120	和	＜80
正常高值	120～139	和（或）	80～89
高血压	≥140	和（或）	≥90
1级高血压(轻度)	140～159	和（或）	90～99
2级高血压(中度)	160～179	和（或）	100～109
3级高血压(重度)	≥180	和（或）	≥110
单纯收缩期高血压	≥140	和	＜90

注：当收缩压和舒张压分属于不同级别时，以较高的分级为准。

（六）尿路感染

1. 概述

尿路感染，是指各种病原微生物在尿路中生长、繁殖而引起的尿路感染性疾病。尿路感染以细菌感染为主，极少数为真菌、原虫及病毒感染。在细菌感染中，革兰氏阴性杆菌为尿路感染最常见致病菌，其中以大肠埃希菌最为常见，约占全部尿路感染的85%。

尿路感染可分为上尿路感染和下尿路感染。上尿路感染主要是肾盂肾炎和输尿管炎，约占尿路感染的95%，下尿路感染主要是膀胱炎和尿道炎。多见于育龄期和绝经后女性、老年男性、免疫力低下及尿路畸形者。女性尿路感染发病率明显高于男性，男女患者比例为1：8。

2. 临床症状

（1）无症状性细菌尿　又称隐匿性尿感，即患者有真性细菌尿但无尿感症状。

（2）尿路感染并发症　肾乳头坏死、肾盂积水、肾周围脓肿等。

（3）复杂性尿路感染　常伴随糖尿病、肾衰竭、尿脓毒血症等。

(4) 急性膀胱炎　急性膀胱炎约占尿感的60%，急性单纯性膀胱炎患者主要表现为尿频、尿急、尿痛等膀胱刺激征。膀胱炎患者还常伴有耻骨弓上（小腹）不适，一般无全身感染的表现。尿常规检查常有白细胞尿，约30%伴有血尿。

(5) 急性肾盂肾炎

① 全身感染症状。起病急骤，常有寒战、高热、全身不适、疲乏无力、食欲减退、恶心、呕吐，甚至腹痛、腹胀、腹泻等。

② 泌尿系统症状。常有尿频、尿急、尿痛等膀胱刺激征，多数伴腰痛、肋脊角压痛和（或）肾区叩击痛。尿液外观混浊，可见脓尿或血尿。

(6) 慢性肾盂肾炎　大多数是由急性肾盂肾炎未彻底治疗反复发作所致，晚期可发展为尿毒症。

3. 诊断标准

(1) 典型的尿路感染有尿路刺激征、感染中毒症状、腰部不适等，结合尿液改变和尿液细菌学检查。尿路感染定位：上尿路感染常有发热、寒战，伴明显腰痛，输尿管点和（或）肋脊点压痛、肾区叩击痛等；而下尿路感染常以膀胱刺激征为突出表现，一般少有发热、腰痛等。

(2) 无症状菌尿（ASB）是指患者无尿路感染症状，但中段尿培养连续两次（同一菌株）尿细菌数$>10^5$菌落形成单位/mL。多见于老年女性和妊娠期妇女，发病率随年龄增长而增加。

（七）阴道炎

1. 概述

阴道炎即阴道炎症，是妇科最常见疾病，各年龄阶段均可发病。因阴道与尿道、肛门毗邻，局部潮湿，易受污染；生育年龄妇女性活动较频繁，且阴道是分娩、宫腔操作的必经之道，容易受到损伤及外界病原体的感染；绝经后妇女及婴幼儿雌激素水平低，局部抵抗力下降，也易发生感染。依据病原体种类不同，可以分为细菌性阴道病（BV）、滴虫性阴道炎（TV）和外阴阴道假丝酵母菌病（VVC）。

(1) 细菌性阴道病　是由阴道内正常菌群失调所致的一种混合性感染。本病非单一致病菌所引起，而是多种致病菌共同作用的结果。促使阴道菌群发生变化的原因尚不明确，可能与性生活频繁、反复阴道灌洗等因素有关。

(2) 滴虫性阴道炎　是由阴道毛滴虫感染引起，以性传播为主，亦可通过公共浴池及共用浴盆、浴巾、坐式便器等间接传播。

(3) 外阴阴道假丝酵母菌病　是由假丝酵母菌引起的机会性真菌感染，是常见的妇产科感染性疾病。长期应用广谱抗菌药物、妊娠期、糖尿病、大量应用免疫抑制剂及接受大量雌激素治疗等是引发外阴阴道假丝酵母菌病的主要原因。

2. 临床症状

(1) 细菌性阴道病　带有鱼腥臭味的稀薄阴道分泌物增多是此病的主要临床特点，可伴有轻度外阴瘙痒或烧灼感，性交后症状加重。亦有10%~40%患者无临床症状。

(2) 滴虫性阴道炎　潜伏期4~28天。25%~50%患者感染初期无症状。主要表现为阴道分泌物增多及外阴瘙痒，间或出现灼热、疼痛、性交痛等。分泌物的典型特点为稀薄脓性、泡沫状并有异味。若合并尿道感染，可有尿频、尿痛甚至尿血。

（3）外阴阴道假丝酵母菌病　主要为外阴与阴道瘙痒、阴道分泌物增多。外阴与阴道瘙痒症状明显，持续时间长，严重者坐立不安，以夜晚更加明显。部分患者可伴有外阴烧灼感、尿急、尿痛和性交痛。阴道分泌物的特征为白色稠厚，呈凝乳状或豆腐渣样。

3. 诊断标准

（1）细菌性阴道病　出现下列4项临床特征中至少3项可诊断为BV——线索细胞阳性；胺试验阳性；阴道pH＞4.5；阴道均质稀薄的分泌物。多数认为"线索细胞阳性"为必备条件。

（2）滴虫性阴道炎　根据典型临床表现容易诊断，阴道分泌物中找到阴道毛滴虫即可确诊。

（3）外阴阴道假丝酵母菌病　典型的外阴阴道假丝酵母菌病诊断不难，但易与其他外阴阴道病变相混淆，故需做病原学检查以确诊，直接做阴道分泌物涂片找到假丝酵母菌的芽生孢子或假菌丝即可诊断。

（八）痛经

1. 概述

痛经为妇科最常见的症状之一，是指妇女在经期前后或行经期间出现小腹疼痛、坠胀，甚至痛及腰骶部，并有全身不适，严重影响日常生活。严重者可伴恶心、呕吐、冷汗淋漓、手足厥冷，甚至昏厥，给工作及生活带来影响。

痛经可分为原发性和继发性两种。原发性痛经多指经妇科临床检查未发现盆腔器质性病变，即正常盆腔解剖和生理环境下的痛经，占90%以上。多见于青春期少女、未婚及已婚未育者，此种痛经在正常分娩后疼痛多可缓解或消失。继发性痛经是指盆腔器质性疾病引起的痛经，如盆腔感染、子宫内膜异位症、子宫肌瘤等。

2. 临床症状

（1）原发性痛经　青春期多见，常在初潮后1～2年内月经规律后发病。疼痛通常在月经前一天或月经开始24～48小时内最为严重，常呈痉挛性、阵发性绞痛或坠痛，通常位于下腹部，可放射至腰骶部和大腿内侧，通常持续8～72小时后缓解。伴随的迷走神经兴奋症状有头痛、恶心、呕吐、腹泻和头晕。严重时面色苍白、出冷汗、四肢冰冷，甚至发生晕厥。其间也可能出现精神症状，如紧张或忧郁、恐惧感。妇科检查一般无异常。

（2）继发性痛经　比原发性痛经出现晚，通常在初潮后数年方出现，往往合并盆腔炎性疾病、手术操作、使用宫内节育器等情况。疼痛通常在月经前一周发生，一旦开始出血，疼痛可能会恶化，一般持续整个月经周期。疼痛往往表现为一种持续的钝痛，而不是痉挛性绞痛。伴随其他症状，如尿频、发热、白带异常、月经异常及不孕等。继发性痛经需进行妇科检查，必要时可行超声、宫腔镜和腹腔镜检查以鉴别诊断。

二、问病荐药策略

（一）感冒与流行性感冒

1. 问病策略

（1）诊断情况询问　是否去过医院诊断感冒的类型。

（2）症状询问　感冒时间多久，鼻涕是什么颜色，体温多少度，有无咳嗽等。通过症状的描述，初步判断其感冒类型。

（3）病史、用药史询问　有无用药过敏史，其他病史；职业特点，是否从事驾驶或高空作业；服用过什么感冒药，效果如何，症状有无缓解。

根据上述问病情况，进而推荐用药。

2. 荐药策略

（1）对症荐药　感冒伴有发热、头痛、关节肌肉痛或全身酸痛，可选用对乙酰氨基酚、阿司匹林、布洛芬等制剂。

感冒伴有鼻腔黏膜血管充血、打喷嚏、流泪、流涕等，可选服含有盐酸伪麻黄碱或氯苯那敏的制剂，如酚麻美敏、美扑伪麻、双扑伪麻、氨酚伪麻、伪麻那敏、氨酚曲麻等制剂。

感冒伴有咳嗽，可选服含有右美沙芬的制剂，如酚麻美敏、美酚伪麻、美息伪麻、双酚伪麻、伪麻美沙芬等。

（2）抗病毒荐药

① M离子通道阻滞药。如金刚烷胺、金刚乙胺。该类药物可阻滞流感病毒M2蛋白的离子通道，从而抑制病毒的复制，减轻临床症状，并防止病毒向下呼吸道蔓延导致肺炎等并发症。

② 神经氨酸酶抑制药。为一类新型的抗感药，如扎那米韦、奥司他韦。该类药物主要阻止病毒由被感染细胞释放和入侵邻近细胞，减少病毒在体内的复制，对甲型、乙型流感均具有作用，可用于流感的预防和治疗。神经氨酸酶抑制药宜及早用药，在流感症状初始48小时内使用较为有效。哮喘和慢性阻塞性肺疾病患者禁用扎那米韦。

（3）中医荐药

① 风寒感冒。常表现为发热轻、无汗、畏寒怕冷，同时流清鼻涕、咳嗽阵阵、咳痰清稀、易咳出、舌苔薄白。推荐用药：感冒解毒颗粒、午时茶颗粒、宝咳宁颗粒。

② 风热感冒。常表现为发热比较高、汗多、口唇红、咽喉疼痛、鼻塞、有黄鼻涕，咳嗽声音重、浑浊、痰少不易咳出、舌苔黄腻。推荐用药：双黄连口服液、柴黄清热颗粒等。

③ 暑湿感冒。常表现为感冒发热、咳嗽、食欲不振、呕吐、腹部不适等症状，多在夏季出现，舌苔厚、白腻或黄腻。推荐用药：藿香正气液。

3. 用药监护

（1）明确抗生素对导致感冒和流感的病毒无作用　在没有合并细菌感染迹象的情况下不得使用抗生素，否则易引起二重感染或耐药菌的产生。联合应用抗生素的指征应当严格控制,必须凭执业医师处方,在医师的指导下使用。

(2) 注意各种药物成分的影响　服用含有抗过敏药制剂者,不宜从事驾驶、高空作业或操作精密仪器等工作;含有鼻黏膜血管收缩药(盐酸伪麻黄碱)的制剂,伴有心脏病、高血压、甲状腺功能亢进症、肺气肿、青光眼患者需慎用;含有右美沙芬的制剂,妊娠初期及哺乳期妇女禁用;服用含有解热镇痛药时应禁酒,同时注意老年人、肝肾功能不全者、血小板减少者、有出血倾向者、上消化道出血和(或)穿孔病史者,应慎用或禁用。

(3) 无严重症状者尽可能不用药或少用药　抗感冒药连续服用一般不得超过1周,服用剂量不能超过推荐剂量,在连续服用1周后症状仍未缓解者,应向医师或药师咨询。

服药期间多喝水,以利于药物的排泄,减少药物对身体的损害。

退热药不应和碱性药同时服用,如碳酸氢钠、氨茶碱等,否则会降低退热的效果。

流感在发病48小时内尽早开始抗流感病毒药物治疗。

加强预防接种,流感疫苗是其他方法不可替代的最有效预防流感及其并发症的手段。

4. 健康指导

(1) 感冒发热时不要急于使用退热药,若体温不超过38.5℃,应先多休息,多喝温水。

(2) 感冒期间应注意保证休息时间,确保休息质量。

(3) 多饮温开水,加速代谢。

(4) 养成良好生活习惯,避免过度疲劳和受凉。

(5) 感冒期间宜清淡饮食,不宜食用重口味食物,忌烟酒。

(二)支气管哮喘

1. 问病策略

(1) 诊断情况询问　是否去过医院就诊。

(2) 症状询问　是否有过敏(如长期反复发作的鼻痒、眼痒、喉咙痒、打喷嚏、流眼泪等)、咳嗽、喘息、气促、胸闷等症状。

(3) 病史、用药史询问　是否有哮喘家族史,是否为过敏体质,是否患有其他气道疾病,是否长期吸烟或剧烈运动;服用过什么药物,效果如何,症状有无缓解。

根据上述问病情况,进而推荐用药。

2. 荐药策略

治疗哮喘的药物可以分为控制药物和缓解药物。

控制药物:需要每天使用并长时间维持治疗的药物,这些药物主要通过抗炎作用使哮喘维持临床控制,其中包括吸入性糖皮质激素(ICS)、全身性糖皮质激素、白三烯受体拮抗剂、长效β_2受体激动剂(LABA)、缓释茶碱、色甘酸钠、抗IgE免疫球蛋白E单克隆抗体及其他有助于减少全身性糖皮质激素用量的药物等。

缓解药物:又称急救药物,这些药物在有症状时按需使用,通过迅速解除支气管痉挛从而缓解哮喘症状，包括速效吸入性和短效口服 β_2 受体激动剂、全身性糖皮质激素、吸入性抗胆碱药物、短效茶碱等。

（1）糖皮质激素　糖皮质激素是控制哮喘呼吸道炎症的最有效的药物。哮喘慢性持续期的治疗主要通过吸入和口服途径给药，吸入为首选途径。吸药后应及时用清水含漱口咽部。

（2）β_2 受体激动剂　此类药物较多，可分为短效（维持时间 4～6h）和长效（维持时间 10～12h）β_2 受体激动剂。后者又可分为快速起效（如福莫特罗）和缓慢起效（如沙美特罗）的长效 β_2 受体激动剂。

短效 β_2 受体激动剂（SABA）：常用药物有沙丁胺醇和特布他林等，可通过吸入、口服、注射给药。

长效 β_2 受体激动剂（LABA）：目前，在我国临床使用的吸入性 LABA 有沙美特罗、福莫特罗和茚达特罗等，可通过气雾剂、干粉吸入剂或碟剂装置给药。

（3）白三烯受体拮抗剂（LTRA）　包括半胱氨酰白三烯受体拮抗剂和 5-脂氧合酶抑制剂，是 ICS 之外唯一可单独应用的长期控制性药物，可作为轻度哮喘的替代治疗药物和中至重度哮喘的联合用药。目前，在国内主要使用半胱氨酰白三烯受体拮抗剂，例如孟鲁司特。LTRA 服用方便，尤其适用于伴有过敏性鼻炎、阿司匹林哮喘、运动性哮喘患者的治疗。

（4）茶碱　具有舒张支气管平滑肌及强心、利尿、兴奋呼吸中枢和呼吸肌等作用，低浓度茶碱具有一定的抗炎作用。

（5）抗胆碱药物　吸入性抗胆碱药物，如短效抗胆碱药物（SAMA）异丙托溴铵和长效抗胆碱药物（LAMA）噻托溴铵，具有一定的支气管舒张作用。妊娠早期妇女、青光眼与前列腺肥大的患者应慎用此类药物。

3. 用药监护

（1）长期、规范治疗可有效控制哮喘。治疗必须个体化，采用最小量、最简单的联合，以不良反应最少、达到最佳哮喘控制为原则。

（2）掌握各类药物的作用机制、使用方法及不良反应、禁忌证。

（3）正确使用吸入性糖皮质激素。

4. 健康指导

（1）心理指导　由于哮喘患者病程较长，病情易反复，患者心理压力较大。药师应帮助患者树立信心，让患者了解哮喘虽不能根治，但通过适当、长期的治疗是可以控制的，使其消除思想顾虑，主动地配合治疗和护理。

（2）饮食指导　哮喘患者应尽量食用清淡、易消化、有足够热量的食物，如瘦肉、大豆等高蛋白食物，胡萝卜、韭菜、南瓜、大枣、番茄、青菜等含维生素 A、钙质多的食物。不适宜食用鱼、虾、蟹、蛋、牛奶等易过敏的食物；忌酒及过咸的食物。消化不良的患者要少食多餐。

（3）休息与活动指导　哮喘发作时应采取半卧位或坐位，可以在床上放一小桌，以便患者休息，减少疲劳。非发作期应积极锻炼，如游泳、快走、慢跑等，尽可能改善肺功能，最大程度恢复劳动力，并预防疾病发展为不可逆性气道阻塞，预防发生猝死。

(4) 日常生活指导　结合每位患者的具体情况，有针对性寻找和避免接触敏感因素，以免诱发哮喘。保持居住环境的干净清洁，经常打扫卫生，清洗床上用品，打扫时尽量离开现场，不用皮毛制成的衣物或被褥。禁止吸烟，避免接触烟雾及刺激性气体。多补充水分，尤其是急性发作期要多饮水，进食半流质食物，以利于痰液湿化和排出。随身携带平喘药，掌握正确的吸入技术，学会疾病发作时进行简单的紧急自我处理。熟悉哮喘发作的先兆表现，如打喷嚏、鼻痒等，并强调出现哮喘发作先兆时，即吸入受体激动剂，同时保持平静，以迅速控制哮喘症状，防止严重哮喘发作。

（三）慢性咽炎

1. 问病策略

（1）症状询问　是否有咽部不适，或疼，或痒，或干燥感、灼热感、烟熏感、异物感等；通过咳嗽是否利于缓解此类症状，以及是否有刺激性咳嗽，晨起用力咳出分泌物，易引起恶心、呕吐。

（2）诊断情况询问　是否去过医院诊断触发慢性咽炎的原因。

（3）病史、用药史询问　有无用药过敏史，其他病史；职业特点、生活环境；服用过什么药物，效果如何，症状有无缓解。

根据上述问病情况，进而推荐用药。

2. 荐药策略

（1）保持口腔、咽部清洁　选择复方硼砂溶液、2%硼酸溶液、呋喃西林溶液等漱口，以净化口腔，减少刺激。

（2）服用含片缓解症状　含服薄荷喉片、西瓜霜含片、碘含片等可缓解咽部肿痛不适症状。症状严重者，可使用肾上腺糖皮质激素；伴有严重感染者可使用头孢菌素类抗菌药物。

3. 用药监护

（1）早发现、早预防、早治疗　慢性咽炎一般不用抗菌药物治疗，早治疗以防病情难以治愈。

（2）含片含服的方法要正确　将药物放在舌根处，尽量贴近喉部。含服时间越长越好，含服时不宜嚼碎或吞服，含服后30min内不宜进食或水，5岁以下幼儿含片最好选用圈式中空的含片。

（3）注意事项　西瓜霜、草珊瑚、金嗓子等药物含有冰片、西瓜霜等成分，孕妇慎用。西地碘含片，孕妇及哺乳期妇女、甲状腺疾病患者慎用。对本品过敏者或对其他碘制剂过敏者禁用。长期含服可导致舌苔染色，停药后可消退，连续使用5日症状未见缓解应就医。

4. 健康指导

（1）坚持早晚刷牙，注意口腔卫生。

（2）进行适当体育锻炼，保持健康规律的作息、清淡饮食，避免烟酒刺激，保持良好的心态，提高自身整体免疫力。

（3）避免长期过度用声。

(4) 避免急性咽炎反复发作。

(5) 避免接触导致慢性过敏性咽炎的致敏原，如粉尘、有害气体、刺激性食物、空气质量差的环境等。

(6) 积极治疗可能引发慢性咽炎的局部和全身相关疾病，如鼻咽部的慢性炎症、腺样体肥大、胃食管反流、贫血、消化不良、慢性支气管炎。

（四）糖尿病

1. 问病策略

(1) 症状检查与评估　测量血糖。

(2) 症状询问　患病后都有何症状，有无并发症表现。

(3) 病史、用药史询问　患糖尿病多久，家族病史，目前服用的药物及服药后效果。

2. 荐药策略

(1) 口服降血糖药物治疗　口服降血糖药物治疗主要用于 2 型糖尿病。

磺酰脲类：第一代药物有甲苯磺丁脲（D-860）、氯磺丙脲等；第二代药物有格列本脲、格列齐特、格列喹酮片等。常在餐前服用。

双胍类：二甲双胍，餐中服用，可减轻胃肠道刺激。

α-葡萄糖苷酶抑制剂：阿卡波糖、伏格列波糖。一般在每一餐的一开始服用。阿卡波糖禁用于酮症酸中毒、慢性胃肠功能紊乱、肠胀气可能恶化（如肠梗阻）、肝肾功能严重损害的患者。

短效胰岛素促泌剂：瑞格列奈片，餐前 15min 内服用。

胰岛素增敏剂：罗格列酮和吡格列酮，可在餐前和进餐时服用。罗格列酮可引起水肿、轻度贫血和肝功能异常，严重的肝损害和急性心力衰竭患者禁止服用此类药物。

(2) 胰岛素治疗　按起效快慢和作用维持时间的长短，胰岛素制剂分为短效、中效、长效制剂；按来源，胰岛素制剂分为基因重组人胰岛素、猪胰岛素等。临床上适用于：1 型糖尿病；经饮食控制和口服降血糖药治疗无效的 2 型糖尿病；糖尿病酮症酸中毒、高渗性昏迷和乳酸性酸中毒；糖尿病合并严重感染、急性心肌梗死、脑血管意外，以及手术、妊娠、分娩时。

胰岛素的不良反应主要为低血糖反应，在过量用药、未按时进餐或运动过度时易发生。少数人有过敏反应，可更换制剂。长期应用有耐受性，可更换不同来源的制剂。制剂适宜冷藏，不宜冷冻。

3. 用药监护

(1) 药物治疗中应依据患者整体情况，制订个体化的治疗方案，同时也应注意各种药的禁忌证和不良反应。

(2) 糖尿病需长期服用药物治疗，患者应遵医嘱用药。

(3) 根据药物吸收、分布、代谢、排泄过程和药效学特点，告知患者适宜的服用时间。

(4) 胰岛素注射注意事项：每次注射时应变换注射部位，两次注射点要至少间隔

2cm，以确保胰岛素稳定吸收，同时防止发生皮下脂肪营养不良；未开启的胰岛素应冷藏保存，冷冻后的胰岛素不可再应用；使用中的胰岛素笔芯不宜冷藏，可与胰岛素笔一起使用或随身携带，在室温下最长可保存4~6周（以药品说明书有关内容为准）。

4. 健康指导

（1）建议中老年人每1~2年筛查一次血糖。

（2）糖尿病治疗应以生活方式调整为基础，包括营养治疗，运动治疗，体重的管理，烟、酒和盐的摄入限制等。生活方式干预是2型糖尿病的基础治疗措施，应贯穿于糖尿病治疗的始终。

（3）自我监测血糖，避免低血糖。

（4）定期评估糖尿病相关并发症，包括眼底检查、肾功能检查等项目。

（五）高血压

1. 问病策略

（1）症状检查与评估　测量血压。

（2）症状询问　患病后都有何症状，有无并发症表现。

（3）病史、用药史询问　患高血压多久，家族病史，目前服用的药物及服药后效果。

2. 荐药策略

常用降压药物包括钙通道阻滞剂（CCB）、血管紧张素转换酶抑制剂（ACEI）、血管紧张素Ⅱ受体拮抗剂（ARB）、利尿剂和β受体拮抗剂五类，以及由上述药物组成的固定配比复方制剂。此外，α受体拮抗剂（如特拉唑嗪、多沙唑嗪）或其他种类降压药（如含有利血平成分的复方制剂）有时亦可应用于某些高血压人群。

（1）钙通道阻滞剂（CCB）　包括二氢吡啶类CCB和非二氢吡啶类CCB。

二氢吡啶类CCB以硝苯地平、氨氯地平、非洛地平等为代表，主要用于控制血压。这类药物的降压作用起效迅速，降压疗效和降压幅度相对较强。短期治疗一般能降低血压10%~15%，而且剂量与疗效呈正相关性，与其他类型降压药物联合治疗能显著增强降压作用。

非二氢吡啶类CCB以维拉帕米和地尔硫䓬为代表，可抑制心肌收缩及心肌自律性和传导性，常应用于快速心律失常的治疗。

（2）血管紧张素转换酶抑制剂（ACEI）　如卡托普利、依那普利、赖诺普利等。这类药物对于高血压患者具有良好的靶器官保护和心血管终点事件预防作用。ACEI单用降压作用明确，对糖、脂代谢无不良影响。限盐或利尿药可增加ACEI的降压效应，尤其适于伴慢性心力衰竭、心肌梗死后伴心功能不全、糖尿病肾病、非糖尿病肾病、代谢综合征、蛋白尿或微量白蛋白尿患者。不良反应为持续性干咳、低血压、皮疹等。双侧肾动脉狭窄、高钾血症及妊娠期妇女禁用。

（3）血管紧张素Ⅱ受体拮抗剂（ARB）　如氯沙坦、缬沙坦、厄贝沙坦等。此类药物对于高血压患者同样具有良好的靶器官保护和心血管终点事件预防作用。ARB的适应证同ACEI，也用于不能耐受ACEI的患者。不良反应少见，偶有腹泻，长期应用可升高血钾，应注意监测血钾及肌酐水平变化。禁忌证同 ACEI。

（4）利尿剂　常用于降压的利尿药有氢氯噻嗪、吲达帕胺等。该类药物降压作用温和、持久，常作为基础抗高血压药，单用治疗轻度、早期高血压，与其他抗高血压药合用治疗中重度高血压。尤适用于老年性高血压、单纯收缩期高血压伴心力衰竭患者，也是难治性高血压的基础药物。其不良反应与剂量有关，故通常应采用小剂量。

（5）β受体拮抗剂　如美托洛尔、比索洛尔、卡维地洛等。主要通过抑制过度激活的交感神经活性、抑制心肌收缩力、减慢心率而发挥降压作用。

3. 特殊人群的降压治疗

（1）老年人　年龄≥65岁的高血压患者可定义为老年高血压。若 SBP≥140mmHg 且 DBP<90mmHg，则定义为老年单纯性收缩期高血压。老年高血压降压治疗应强调收缩压达标；在能耐受的前提下，逐步使血压达标；需注意监测血压变化，避免降压过快带来的不良反应。

（2）儿童及青少年　儿童及青少年原发性高血压表现为轻中度血压升高，通常没有明显的临床症状，绝大多数儿童与青少年高血压患者通过非药物治疗即可达到血压控制目标。但如果生活方式治疗无效，出现高血压临床症状、靶器官损害、合并糖尿病、继发性高血压等情况应考虑药物治疗。ACEI 或 ARB 和 CCB 在标准剂量下较少发生不良反应，通常作为首选的儿科高血压药物，利尿药、β受体阻滞药和α受体阻滞药，因为不良反应的限制，多作为儿童及青少年严重高血压患者的联合用药。

（3）妊娠期高血压　非药物治疗措施（限盐、富钾饮食、适当活动、情绪放松）是妊娠合并高血压安全有效的治疗方法，应作为药物治疗的基础。在接受非药物治疗措施以后，收缩压≥150/100mmHg 时应进行药物治疗。妊娠期间禁用 ACEI 或 ARB。

4. 用药监护

（1）高血压治疗的疗程　必须坚持长期治疗。

（2）高血压治疗的根本目标　降低患者心、脑、肾与血管并发症发生和死亡的总体危险。

（3）合理选择药物种类　治疗中不宜频繁更换降压药物种类，应该相对固定治疗方案。

（4）规律监测血压。

5. 健康指导

（1）减少钠盐摄入，增加钾摄入。

（2）合理膳食。

（3）控制体重。

（4）戒烟、限酒。

（5）适度运动。

（6）减轻精神压力且保持心理平衡。

（六）尿路感染

1. 问病策略

（1）症状询问：有什么不适症状（如尿频、尿急、尿痛等）；有无肉眼可见的脓尿、血尿；有无畏寒、发热、乏力等症状；不适症状持续了多少。

(2) 病史、用药史询问：是否有长期服用激素病史；对什么药物过敏；有哪些基础疾病；有无常见的诱发因素。

2. 荐药策略

(1) 急性膀胱炎　短程疗法可选用磺胺类、喹诺酮类、半合成青霉素类或头孢菌素类等抗菌药物，任选一种药物连用3天，约90%的患者可治愈，如仍有菌尿，应继续给予2周抗菌药物治疗。对于妊娠期妇女、老年患者、糖尿病患者、机体免疫力低下及男性患者应采用较长疗程。

(2) 肾盂肾炎　首选针对革兰氏阴性杆菌有效的药物。病情较轻者，可口服喹诺酮类、半合成青霉素类或头孢菌素类等抗菌药物治疗10～14日，约90%的患者可治愈。严重感染全身中毒症状明显者，需住院静脉给药治疗。常用药物有：左氧氟沙星、哌拉西林-他唑巴坦、头孢曲松、头孢他啶、头孢吡肟。对于多重耐药革兰氏阴性菌感染者，可选用厄他培南、亚胺培南、美罗培南。病情严重且尿培养提示革兰氏阳性球菌，可选择万古霉素。

(3) 无症状菌尿　一般不予治疗，但对妊娠妇女必须治疗。

(4) 妊娠期尿路感染　建议在妊娠期前3个月每月行一次尿培养，一旦发生尿路感染，宜选用毒性小的抗菌药物（阿莫西林、呋喃妥因或头孢菌素类等）。妊娠期急性肾盂肾炎应静脉滴注抗菌药物治疗，可用半合成广谱青霉素或第三代头孢菌素。

3. 用药监护

(1) 选择抗菌药物时，根据尿培养结果选择对致病菌敏感、在泌尿道浓度高、不良反应小的抗菌药物。

(2) 使用抗菌药物前需询问过敏史；18岁以下儿童禁用喹诺酮类药物；治疗中监测血常规、尿常规的变化；服用磺胺类药物时应多喝水；服用磺胺类、呋喃妥因药物时应根据肾功能调整剂量。

（七）阴道炎

1. 荐药策略

(1) 细菌性阴道病

① 全身用药。首选甲硝唑，其次为替硝唑、克林霉素。克林霉素适合于甲硝唑治疗失败者或甲硝唑过敏、不能耐受者，特别适用于妊娠妇女。

② 局部用药。甲硝唑阴道泡腾片或替硝唑阴道泡腾片，阴道给药；不耐受者选用克林霉素磷酸酯阴道凝胶，阴道给药。哺乳期以选择局部用药为宜。

(2) 滴虫性阴道炎

① 全身用药。初始治疗可选择甲硝唑或替硝唑，口服；口服药物的治愈率达90%～95%。

② 性伴侣治疗。由性行为传播，性伴侣应同时进行治疗，并告知患者及其性伴侣治愈前应避免无保护性行为。

（3）外阴阴道假丝酵母菌病

① 全身用药。对于无性生活女性及不宜采用局部用药者，可选用口服药物。如氟康唑、伊曲康唑。

② 局部用药。将克霉唑制剂、咪康唑制剂、制霉菌素制剂等药物放置于阴道内。

2. 用药监护

（1）使用甲硝唑、替硝唑药物时，无论是口服还是阴道给药，由于"双硫仑样反应"治疗期间和治疗结束后的1日均不可摄入酒精。

（2）阴道局部用药者需将药物放入阴道深处，保持外阴清洁，月经期避免用药。

（3）对于复发性VVC患者，治疗前建议进行阴道分泌物真菌培养和药敏试验。治疗期间定期复查以监测疗效，并注意药物不良反应，一旦出现肝功能异常等不良反应，须立即停药，待不良反应消失后更换其他药物。

3. 健康指导

用药期间注意个人卫生，防止重复感染，建议避免性接触或正确使用避孕套。

（八）痛经

1. 问病策略

（1）问年龄　原发性痛经的高峰发生在17～25岁的女性，在生育后往往好转。继发性痛经在30岁以上的女性中最为常见。

（2）问月经情况　月经初潮时间、周期规律性和持续时间，月经量变化等。

（3）问疼痛性质　疼痛的特点、规律和持续时间。

（4）问合并的其他症状　如头痛、背痛、恶心、呕吐、便秘、晕厥、头晕、疲劳、尿频、发热、白带异常、情绪异常等。

（5）问用药史　既往是否服用过治疗痛经的药物，如非甾体抗炎药等；是否有药物过敏史。

2. 荐药策略

（1）止痛药（抑制子宫收缩药物）　非甾体抗炎药是首选。月经来潮即开始服用药物效果较佳，连服2～3日。常用的药物有布洛芬、萘普生、酮洛芬、双氯芬酸、甲芬那酸等。

（2）激素类药物

① 口服避孕药。适用于要求避孕的痛经女性，有效率达90%以上。

② 长效孕激素。醋酸甲羟孕酮注射液，一般每次深部肌内注射150mg，有效时间为3个月，注射间隔为（90±7）天，于月经来潮的1～5天给予首次注射。左炔诺孕酮宫内节育系统可用于痛经治疗。

③ 黄体酮制剂。孕酮类药物也可用于痛经的治疗，如黄体酮的适应证中也纳入了"痛经"。

3. 用药监护

（1）对痛经伴有月经过多，或有盆腔炎、子宫肌瘤继发性痛经者，应在医师的指导下用药。

（2）月经期间不宜服用利尿药，因为利尿药可将重要的电解质和水分排出体外，引起水电解质紊乱。应禁酒和减少食盐摄入，促使水分不在体内滞留，以减轻肿胀感。

（3）解热镇痛药和解痉药仅对痛经症状有缓解作用，而不能解除痛经的病因。

（4）长期应用非甾体抗炎药会损伤胃肠黏膜，诱发胃、十二指肠溃疡或出血，为避免药物对胃肠道的刺激性，解热镇痛药治疗痛经连续服用不宜超过5日。

（5）若经血量过多或下腹疼痛，且伴有发热或其他症状，应及时去医院就诊。

4. 健康指导

（1）为预防和缓解痛经，患者可适当进行体育锻炼，以增强体质，注意生活规律、劳逸结合及充足睡眠；注意经期卫生，经血较多或痛经剧烈时避免剧烈运动和过度劳累，注意保暖；同时，可通过月经生理知识的宣传教育，消除患者的恐惧、焦虑及精神负担。

（2）注意饮食均衡，多吃蔬菜、水果、鸡肉、鱼肉，并尽量少量多餐，经期忌食生冷寒凉食物及刺激性食物。适当补充钙、钾、镁等矿物质，也能帮助缓解痛经。

（3）保持外阴清洁，每日用温水洗1～2次，勤换护垫。

（4）对继发性痛经的女性，缓解痛经药只对疼痛症状有缓解作用，而不能解除疼痛的致病原因，也不能防止疾病的发展和预防并发症的发生。应及时到医院就诊，明确疾病诊断。

 知识拓展

问病荐药技巧

问病荐药是一项专业性很强的工作。首先，在询问病情时，不能仅局限于症状，要深入了解症状的起始时间、发作频率、加重或缓解因素等。例如，对于头痛患者，要询问是持续性还是间歇性头痛，是否在特定时间、环境下发作，是否伴有视物模糊、恶心、呕吐等其他症状，以此来更准确地判断可能的病因。

在荐药环节，不仅要考虑药物的疗效，还要关注药物的安全性和患者个体差异。比如给老年人荐药，要充分考虑其肝肾功能可能衰退的情况，选择对肝肾负担小的药物。对于有多种基础疾病的患者，更要注意药物之间的相互作用。同时，要向患者详细解释药物的使用方法，包括剂量、用药时间、可能出现的不良反应等。例如，使用降压药可能出现头晕的情况，要告知患者如何应对，让患者在用药过程中有心理准备，提高用药依从性。而且，荐药时要遵循循证医学的原则，依据最新的临床研究和指南，而不是仅凭经验，确保推荐的药物是经过科学验证对该病症有效的。

 小结

1. 常见疾病种类有感冒与流行性感冒、支气管哮喘、慢性咽炎、糖尿病、高血压、尿路感染、阴道炎、痛经。

2. 根据常见疾病的临床表现和患者自身特点来进行问病荐药。

单元二　药品陈列

【知识目标】

- 掌握 GSP 陈列要求。
- 熟悉药品陈列原则。
- 了解药品陈列的用具。

【技能目标】

- 能够运用 GSP 要求陈列药品。
- 能够熟练运用药品陈列原则有技巧地陈列药品。

【素养目标】

- 培养扎实严谨、认真细心的工作态度，提高职业素养。

知识导图

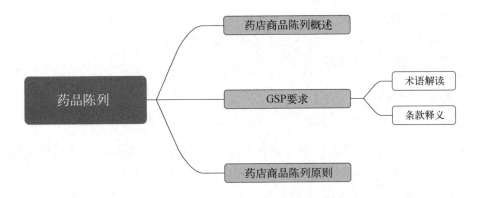

课前案例导学

某市市场监督管理局网站公布的行政处罚决定书显示，某医药有限公司某分店未按照药品分类管理的有关规定陈列、储存药品，存在药品违法行为。

依据《某市药品零售监督管理办法》第四十一条"违反本办法第十八条规定，未按药品分类管理规定陈列、储存药品的，由药品监督部门责令限期改正，处以一千元罚款"，某市市场监督管理局对该分店罚款 1000 元。

> 思考：
> 药店商品陈列有哪些规定？

知识学习

一、药店商品陈列概述

（一）陈列的基本知识

由于患者购买行为随机性大，只有充分考虑数量、价格、空间、组合方式等因素后，将药品放置于适当的位置陈列，才能最大限度地提高销量，提升品牌。

选择药品陈列位置时，应根据药店药品类别的布局而定。通常将以下位置视为较好的陈列位置：

① 卖场正对门口位置：消费者进入药店，第一眼易看到的位置。

② 店员习惯停留位置：其前方的柜台小腿以上的高度（第一层）位置及其后方的背架视线与肩膀之间的高度位置为较好位置。

③ 正对卖场光源的位置。

④ 不阻挡消费者视线（主要为沿卖场顺、逆时针行走时视线）位置。

⑤ 靠近柜台玻璃的位置。

⑥ 知名品牌药品旁边的位置。

⑦ 同类药品的中间位置。

⑧ 对于非处方药而言，则为消费者易于拿取的位置。

⑨ 消费者经常经过的通道。

（二）陈列用具

1. 货架

目前大多数药店中使用的货架至少有五层，每一层分别陈列不同类型的商品。

第一层（最上层）：陈列广告宣传力度大的商品，或有意推荐的新商品。

第二层（黄金货架）：人眼最易看到、最易拿取的位置，这个范围称为黄金位置，一般被认为在80~120厘米这个高度。这一层主要陈列主推药品，还可陈列具有差异化、有特色的药品或高利润的药品、自有品牌药品、独家代理或经销药品、广告药品。

第三层：主要陈列较高周转率、较高毛利率的主力商品。

第四层：陈列价格较便宜、利润较少、销售量稳定的药品。

第五层：陈列为保证品种齐全的补充性药品或准备淘汰的品种，或陈列一些体积大、重量大的易碎商品，或包装不整齐、不规则、较小的商品，需要陈列筐陈列的、陈列需求弹性低的药品。

2. 柜台

主要分为处方柜、中药柜、阴凉柜、含麻黄碱类复方制剂专柜、拆零专柜、不合格药品专柜等。

3. 端架

指的是货架两端的架子，即顾客流动线转弯处所设置的货架，常被称为最佳陈列位置。端架通常用来陈列一些高毛利商品、新品、促销商品、季节性、广告支持、特价药品或要处理的滞销商品。

4. 堆头

指的是在药店中高度低于货架的各种陈列台，一般将门店中需要重点推介的商品或者主题促销的赠品单独堆放在一起形成堆头陈列。

5. 收银台

把收银台靠近顾客的一面进行设计，主要用于陈列一些顾客易于冲动性购买的商品、季节性商品、价格较低及体积较小且毛利较高的商品或主题促销的赠品。

二、GSP 要求

为保证患者用药安全，零售药店的药品陈列，必须遵照我国《药品管理法》和《药品经营质量管理规范》（GSP）等相关规定进行陈列，GSP 中涉及药品陈列的条款如下：

第一百五十九条 企业应当对营业场所温度进行监测和调控，以使营业场所的温度符合常温要求。

[术语解读]

常温指 10～30℃。

[条款释义]

本条的目的是强调零售企业营业场所的温度要求，保持经营过程中药品质量稳定。

温度是影响药品质量的重要自然因素，企业应在质量管理文件中明确规定对营业场所温度进行监测和记录的岗位人员，要对每天监测的时间、次数以及监测发现问题后应采取的措施进行明确，确保药品营业场所温度符合国家规定的常温的要求。营业场所人流物流的进出口应采取相应的隔离措施，保证药品处于恒定的常温下。

第一百六十条 企业应当定期进行卫生检查，保持环境整洁。存放、陈列药品的设备应当保持清洁卫生，不得放置与销售活动无关的物品，并采取防虫、防鼠等措施，防止污染药品。

[术语解读]

存放、陈列药品的设备一般包括：货架、列柜组、拆零工具及包装、冷藏设备、恒温列柜、夜间售药窗口、中药斗柜等。

[条款释义]

本条的目的在于规范药店的卫生管理工作，创造一个良好的营业环境，防止药品污染变质，保证药品质量。

第一百六十一条 药品的陈列应当符合以下要求：

（一）按剂型、用途以及储存要求分类陈列，并设置醒目标志，类别标签字迹清晰、放置准确。

（二）药品放置于货架（柜），摆放整齐有序，避免阳光直射。

（三）处方药、非处方药分区陈列，并有处方药、非处方药专用标识。

（四）处方药不得采用开架自选的方式陈列和销售。

（五）外用药与其他药品分开摆放。

（六）拆零销售的药品集中存放于拆零专柜或者专区。

（七）第二类精神药品、毒性中药品种和罂粟壳不得陈列。

（八）冷藏药品放置在冷藏设备中，按规定对温度进行监测和记录，并保证存放温度符合要求。

（九）中药饮片柜斗谱的书写应当正名正字；装斗前应当复核，防止错斗、串斗；应当定期清斗，防止饮片生虫、发霉、变质；不同批号的饮片装斗前应当清斗并记录。

（十）经营非药品应当设置专区，与药品区域明显隔离，并有醒目标志。

[术语解读]

开架自选：药品列在非密闭的柜台，消费者可自行选择购买。

拆零销售的药品：销售时拆分了最小包装的药品。

冷藏药品：标明储存温度为2~10℃或标明为冷处、冷暗等的药品。

[条款释义]

本条目的是从安全用药的角度对营业场所药品的陈列进行科学、合理的分类管理，加强处方药、非处方药的管理，增加了对药店经营非药品设专区的管理规定，引导消费者科学、合理地进行自我保健，防止因自我行为不当导致滥用药物和危及健康。

第一百六十二条　企业应当定期对陈列、存放的药品进行检查，重点检查拆零药品和易变质、近效期、摆放时间较长的药品以及中药饮片。发现有质量疑问的药品应当及时撤柜，停止销售，由质量管理人员确认和处理，并保留相关记录。

[术语解读]

易变质药品：指受空气、温度、水分、光照等自然因素的影响，易发生氧化或分解等作用的药物，如胶囊剂、维生素类、液体类、抗生素类、生物制品类、中药饮片等药品。

[条款释义]

本条目的是通过企业对陈列、存放药品的动态检查，及时发现药品在陈列及存放过程中出现的过期、生虫、发霉、变质、包装破损、污染等现象，防止将不合格药品销售给顾客，保证药品的质量。

第一百六十三条　企业应当对药品的有效期进行跟踪管理，防止近效期药品售出后可能发生的过期使用。

[条款释义]

对药品的有效期进行跟踪管理，是指在药品的采购、验收、陈列、储存、销售、运输等各环节中对药品的批号和有效期进行全过程的跟踪管理，确保销售时的所有药品均在有效期内，防止过效期药品售出，并避免近效期药品售出后有可能产生的过期使用现象。

企业应对近效期药品的撤柜期限给予明确规定；已销售的拆零药品由于破坏了外包装，其有效期不得等同于同批号药品出厂所标示的有效期。门店应有专人负责近效期药品的管理工作，对近效期药品的库存进行跟踪管理。企业可以在计算机管理软件上设置近效期药品预警指示，动态掌握近效期药品的品种和数量，也可采用"近效期药品月报表"的形式，每月对近效期药品库存数量进行盘点，有效掌握近效期药品的库存情况，及时采取相应措施，防止过期药品的售出。近效期药品在出售时，应根据购买者疾病及用药时间的长短，对购买者进行有关效期使用的交代，避免疗程药品已过期现象的发生。

三、药店商品陈列原则

药品陈列与药品销售是药品零售企业实现利润的重要环节。药品货源充足，陈列丰满、合理、美观、易取，能够刺激顾客的购买欲望，从而提高药品的销售，同时提高药店的盈利。因此，陈列与销售在药品经营中起着关键的作用。

药店商品陈列的要求，除符合GSP要求外，还应符合以下原则：

1. 易见易取陈列原则

药品正面面向顾客，不被其他产品挡住视线；货架最底层不易看到的药品要倾斜陈列或前进陈列；货架最上层不宜陈列过高、过重和易碎的药品；整箱药品不应上货架，中包装药品上架前必须全部打码。对主推的新品应突出陈列，可以陈列在端架、堆头或黄金位置，容易让顾客看到商品，从而起到良好的效果。

2. 丰满陈列原则

是指要通过一些技巧使顾客从视觉上感到货架上陈列的商品很丰富。这样的陈列往往能给顾客带来一种安全感，使顾客能放心地挑选。

3. 先产先出陈列原则

药品是有使用期限的，顾客在购买时总是习惯于拿取离手最近、摆在货架最前面的商品，因此药店在进行陈列时应把旧批号的药品摆放在货架最前面靠近顾客的位置，方便顾客拿取，以此保证旧批号的药品尽快售完。

4. 主辅结合陈列原则

是指陈列时把高周转率低毛利率的品牌商品与低周转率但毛利相对较高的不知名同类主（首）推商品陈列在一起。品牌药品顾客购买频率高，通过品牌商品吸引客流，带动不知名主（首）推商品的销售来提高药店销售额及利润。

5. 整洁美观陈列原则

同一条货架同一侧面同一类商品，要考虑其体积大小、色彩的相互搭配，使陈列做到整洁美观，方便顾客选购药品。

6. 关联性陈列原则

是指把种类不同但在功效或使用方法上，具有相互补充、相互配合作用的商品集中陈列在邻近的区域，其目的是使顾客在购物时产生联想引起购买冲动。如感冒用药常与止咳化痰用药以及清热解毒用药相邻；儿科用药又常常跟维生素与矿物质类药相邻；心脑血管用药处方柜的对面常常就是补益用药的陈列货架等。既方便顾客购药，又能提高客单价、增加总体销售额。

7. 同类药品垂直陈列原则

垂直陈列指将相同属性或治疗同一类疾病的不同药品，沿上下垂直方向陈列在不同高度的货架层位上。

8. 季节性陈列原则

在不同的季节将应季药品陈列在醒目的位置（端架或堆头陈列），其陈列面和量较大，并悬挂 POP，吸引顾客，促进销售。

知识拓展

陈列技巧

药品陈列除了遵循常见的分类原则，如按剂型（片剂、胶囊剂、注射剂等）、药理作用（心血管用药、消化系统用药等）分类外，还需考虑药品的关联性陈列。例如，将感冒药与止咳药、退烧药相邻摆放，因为感冒患者可能同时需要这几种药品。同时，要重视陈列的色彩搭配，利用色彩对视觉的冲击来吸引顾客注意力，比如将包装色彩鲜艳的儿童用药摆放在较低且显眼的位置，方便家长和儿童选购。此外，对于一些特殊药品，如需要冷藏的生物制品，陈列的冷藏设备要保证温度的恒定和可视性，便于药师随时查看和调整。药品的陈列高度也有讲究，将常用药品放置在易于拿取的黄金高度区域，能提高顾客的购物体验和药品管理的效率。

小结

1. 综合药品数量、价格、空间、组合方式等因素后，放置于适当的位置陈列，才能最大限度地提高销量，提升品牌。

2. 为保证患者用药安全，零售药店的药品陈列，必须遵照我国《药品管理法》和《药品经营质量管理规范》等相关规定进行陈列。

牛刀小试

一、选择题

（一）单选题

1. 患者，女，66 岁，因晕厥就诊。心电图提示：Ⅲ度房室传导阻滞，多次测量血压偏高。该患者宜使用的降压药是（　　）。

  A. 地尔硫卓胶囊　　　　B. 比索洛尔片　　　　C. 美托洛尔片
  D. 氨氯地平片　　　　E. 维拉帕米片

2. 患者，女，28 岁，孕 32 周，孕期常规检查无明显不适。检验结果：尿白细胞计数 500 个/μL，尿亚硝酸盐（＋），尿培养提示大肠埃希菌。关于该患者治疗方式的说法，正确的是（　　）。

A. 使用阿米卡星抗感染治疗　　　B. 使用阿奇霉素抗感染治疗
C. 使用左氧氟沙星抗感染治疗　　D. 使用阿莫西林抗感染治疗
E. 为无症状菌尿，不需要抗感染治疗

3. 患者，女，28岁，主诉外阴瘙痒。妇科检查见阴道黏膜覆盖白色膜状物，擦除后露出红肿黏膜面，诊断为外阴阴道假丝酵母菌感染。宜选用的药物是（　　）。

A. 克林霉素　　　　　　B. 咪康唑　　　　　　C. 庆大霉素
D. 甲硝唑　　　　　　　E. 尼尔雌醇

4. 患者，男，59岁，诊断为2型糖尿病，因口服降糖药疗效欠佳，给予预混胰岛素30R注射液。关于该患者用药教育的说法，错误的是（　　）。

A. 未开启的胰岛素制剂应冷藏保存，冷冻后不可再使用
B. 注射时应变换部位，两次注射点要间隔2cm以上
C. 胰岛素笔芯启用后不宜冷藏保存
D. 使用前应缓慢摇匀，确保给药剂量准确
E. 应警惕发生低血糖，提醒患者随身携带木糖醇糖果

5. 影响药物治疗有效性的因素不包括（　　）。

A. 药品价格　　　　　　B. 给药途径　　　　　　C. 给药时间
D. 药物相互作用　　　　E. 患者的生理状态

6. 某发热患者出现以下哪种情况，无须建议就医（　　）。

A. 65岁以上老年人　　　　B. 伴有持续性发热和咳嗽的患者
C. 高血压患者　　　　　　D. 伴有胸痛　　　　E. 伴有呼吸困难

7. 细菌性尿路感染，最常见的致病菌是（　　）。

A. 肠球菌　　　　　　　B. 大肠埃希菌　　　　　C. 葡萄球菌
D. 铜绿假单胞菌　　　　E. 克雷伯氏菌

8. 不符合药品零售企业药品陈列要求的有（　　）。

A. 经营非药品应当设置专区，与药品区域明显隔离
B. 处方药、非处方药分区陈列，并有处方药、非处方药专有标识
C. 外用药与其他药分开摆放
D. 第二类精神药品在专门的橱窗陈列
E. 冷藏药品放置在冷藏设备中，按规定对温度进行监测和记录

9. 经营中药饮片的零售药店不同批号的中药饮片装斗前应当（　　）。

A. 验收检查　　　　　　B. 复核　　　　　　　　C. 定期清斗
D. 清斗并记录　　　　　E. 记录

10. 根据《药品经营质量管理规范》，关于药品的陈列要求说法错误的是（　　）。

A. 药品放置于货架（柜），摆放整齐有序，避免阳光直射
B. 处方药、非处方药分区陈列，并有处方药、非处方药专用标识
C. 外用药与其他药品分开摆放
D. 第二类精神药品、毒性中药品种、罂粟壳应集中存放于专区
E. 拆零销售的药品集中存放于拆零专柜或者专区

（二）多选题

1. 当两个药品外观相似时，可能会出现的错误有（   ）。
   A. 医嘱错误 B. 调剂错误 C. 给药错误
   D. 监测错误 E. 转录错误

2. 建议接种流感疫苗的人群有（   ）。
   A. 新生儿 B. 6 个月龄至 5 岁婴儿及儿童
   C. 妊娠期女性 D. 哺乳期女性 E. 60 岁以上老年人

3. 关于发热的用药指导与患者教育的说法，正确的有（   ）。
   A. 解热镇痛药用于退热只是对症治疗，并不能解除病因
   B. 使用退热药后，如发热症状无好转，应及时就诊
   C. 肝肾功能不全者，要减少解热镇痛药剂量
   D. 血小板减少、有出血倾向者，应慎用非甾体抗炎药
   E. 非选择性非甾体抗炎药无明显的胃肠道刺激作用

4. 患者，男，50 岁。间歇性头晕、头痛 10 年，伴视物模糊、黑矇及晕厥，无胸闷、胸痛，无恶心等不适症状，血压最高达 180/100mmHg，间断服用"卡托普利、利血平、硝苯地平"等降压药物治疗，临床诊断结果为 3 级高血压。抗高血压药物的用药原则有（   ）。
   A. 给药途径一致 B. 优先选择长效制剂 C. 联合用药
   D. 个体化治疗 E. 起始剂量宜小

5. 患者，男，67 岁，患 2 型糖尿病，使用阿卡波糖和利拉鲁肽，目前空腹血糖 6.0mmol/L 左右，餐后 2 小时血糖 7.5~8.0mmol/L。患者用药期间发生概率相对较大的不良反应有（   ）。
   A. 脱发 B. 恶心、呕吐 C. 骨折
   D. 水肿 E. 腹胀

6. 药品零售企业定期对陈列、存放的药品进行检查时发现有质量疑问的药品应当采取的措施包括（   ）。
   A. 保留相关记录 B. 由质量管理人员确认和处理
   C. 由企业负责人处理 D. 及时撤柜、停止销售
   E. 向药监部门报告

7. 药品零售企业在营业店内应做到（   ）。
   A. 按剂型、用途以及储存药品分类陈列，并设置醒目标志
   B. 经营非药品应当设置专区，与药品区域明显隔离，并有醒目标志
   C. 药品零售企业应当定期对陈列、存放的药品进行检查
   D. 对顾客反映的问题，交由坐堂医生解决
   E. 按照规定保存处方原件

二、简答题

1. 请简述高血压诊断标准。

2. 作为药师，为帮助慢性咽炎患者，除指导其用药，还可以做哪些方面的指导？
3. 请简述非药品设区的原则。
4. 请简述处方药与非处方药分区原则。

牛刀小试答案

单元实训　药品分类陈列

一、实训目的

药品陈列对药品销售具有极其重要的影响。通过实训，能够根据药品陈列的原则，用各种陈列方法，完成药品分类陈列工作。使药品的陈列既符合 GSP 要求，又能美观、易取，起到刺激顾客的购买欲望的效用，为促进药品的销售打下基础。

二、实训准备

（一）实训分组

6~8 人一组，确定组长，实行组长负责制。

（二）实训材料

以消化系统用药为例，提供不同剂型的药品、非药品的空包装若干。

三、实训流程

（一）小组自主探究

各小组按照提供的模型，自行对药品陈列位置进行自主探究。

（二）教师巡回辅导

教师针对各小组的困惑，进行引导式解答。对于共性问题，实施集中讲解。

（三）陈列结果记录

各小组拍照、记录陈列结果。

（四）小组汇报、组间点评

各小组针对陈列结果进行汇报，各组表达不同意见，组间互评，找出错误之处，并说明原因。

（五）教师点评

针对本次实训内容进行总结。

四、实训评价

实训评价采用过程与结果相结合的形式，考核内容如表 3.7.3 所示。

表 3.7.3　实训评价表

组成	指标	内容	分值/分	得分/分
过程考核(60分)	实训纪律	严格遵守实训课堂规章制度，不迟到早退	10	
	团队合作	与小组组员共同研究、探讨，完成实训任务	25	
	实训态度	积极主动参与到课堂实训中来，能够听取同学和老师的建议	25	

续表

组成	指标	内容	分值/分	得分/分
结果考核 (40分)	符合GSP	GSP要求分区放置。放置时要充分考虑药品、非药品,处方药、非处方药,不同剂型等因素	15	
	符合陈列原则	陈列丰满、合理、美观、易取	15	
	成果汇报	汇报内容全面、准确,思路清晰,表达流利	10	

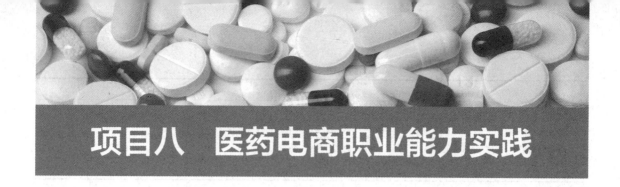

项目八　医药电商职业能力实践

单元一　医药电商文案写作

【知识目标】

- 掌握医药电商文案特征及写作技巧。
- 能熟练掌握医药电商线上推广方法。

【技能目标】

- 能充分利用电子载体进行医药电商文案写作。
- 能熟练掌握医药电商线上推广方法。

【素养目标】

- 严格按照药品广告法等相关知识，培养严谨细致的医药电商文案写作态度。
- 培养创新思维，把握消费者心理，做好市场定位。

知识导图

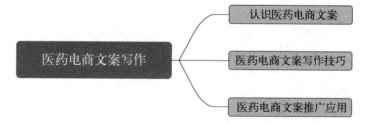

课前案例导学

在第二十一届中国药店高峰论坛的交流会上，分析师表示医药电商迎来了处方药正在加速向线上渗透的趋势。同时，在阿里健康行业负责人看来，以创新药为主体的生物药进入快速增长期，特效药的线上市场需求巨大。

知识学习

随着智能化时代的到来,医药电商作为新兴的药品消费渠道,一时间,互联网诊疗、线上购药、医保在线支付、慢性病线上结算如火如荼;B2B、B2C、O2O、流量营销等模式飞速迭代升级,平台竞争愈演愈烈。在这样的行业背景下,基于电商平台而产生的促销方式,医药电商文案也进入了各医药企业的视野。

医药电商文案作为新型线上促销方式,在一定程度上弥补了传统文案的不足,其应用在线上的营销环境中,使产品信息的传递更加迅速、有效。

一、认识医药电商文案

(一)文案的概念

文案来源于广告行业,是"广告文案"的简称,多指在大众媒介上刊发的广告作品中的所有语言文字。通常意义上的文案包括产品广告语、标题、主题、平面文案、软文以及公众号文章等内容。

随着新媒体时代的到来,文案于网络平台广泛传播,电商文案成为主流。这类文案以商业目的为写作基础,通过文字、图片、视频及超链接等元素,基于网站、微博等交流平台进行发布,以促进消费者的购买欲望。与传统文案不同,基于线上平台的网络营销文案的丰富多样性更能吸引消费者的目光,其文案表达明确,主题鲜明,用词自由且时尚,让消费者能对产品形成全面的认识。年轻用户更喜欢多元化,注重即时感受,所以电商模式是对他们而言更便捷、更快速、更直观的互联网消费模式。

相比于普通电商文案,医药电商文案所针对的对象是特殊的商品——药品,除了普通电商文案需要具备的特点外,它必须遵循药品网络销售的基本要求。

(二)医药电商文案的基本要求

1. 具有较高的药学服务水平

药品不是普通的产品,通常情况下需要在药师或医师的专业指导下进行合理用药,用药安全十分重要。所以在进行医药类产品电商文案撰写时,首先需要具备的就是药品相关的理论知识,其次才是文案撰写能力。

2. 具有较强的药品网络销售等管理办法的解读能力

药品作为特殊的商品,药品广告相关的法律法规更为严格。文案撰写者还应学习相关知识,规范广告活动,例如:表示功效、安全性的断言或者保证就不得含有。

3. 把握药品消费者的心理

虽然近几年我国的医药产业发展在进步,但拥有自主知识产权品种的厂商仍为少数,单就布洛芬缓释胶囊的生产,我国就有几十家医药企业在同时生产,产品同质化现象相当严重,这无形中就增加了行业之间的竞争。因此,如何把握消费者的心理,是医药电商文案编辑需要努力的方向。

（三）医药电商文案的类别

医药电商文案共分为三类：产品文案、品牌背书文案及传播文案。这三种文案各自具备不同的特点，具体如下。

1. 产品文案

产品不仅仅局限于具体产品，它也可以演化成一种服务。产品文案依托于产品，目的是实现该产品的销售，所以，如何打动人心非常重要。产品文案在写作时通常会使用FABE法则，通过细化该产品市场，明确主要目标群体，了解产品独有的特质，充分提炼产品优势，同时把握消费者心理，利用文字、图片、视频、动画等形式，清晰地描绘出该产品的使用场景，进而感染他们，打动他们。

FABE法则（图3.8.1），即属性、作用、益处和佐证法则。这四个字母分别表示：

F（Feature），指产品特征、特性等基本功能；

A（Advantage），指该产品的优势；

B（Benefit），指该产品能给消费者带来的利益；

E（Evidence），指需要提供数据来印证上述介绍的证据。

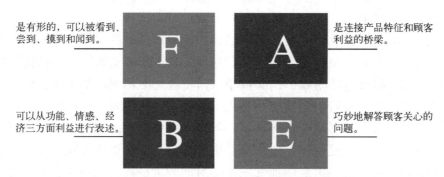

图3.8.1 FABE法则

2. 品牌背书文案

品牌背书文案即对该品牌进行介绍的文案。公司介绍、品牌文化等相关内容都可看作是品牌背书文案，能帮助企业树立良好的形象，赢得消费者的信任，塑造品牌形象。药品作为一种特殊商品，消费者关注的重点是其安全性与疗效，但消费者并不具备判别药品质量的能力，因此选择"品牌"是最方便的判别方法，尤其在一个具有众多可替代品种的市场，品牌形象成为消费者购买行为的主要判别指标。

品牌背书文案应从企业品牌的角度进行写作。可以是某个创业故事，或者企业发展历程，或者"品牌名＋功能性"的结合，例如"常常肠敏感，整整整肠生"，就是企业品牌融合产品功能性的例子，通过给予消费者想象空间，从而加深记忆点，深化了品牌认识和感知度。

3. 传播文案

传播文案的主要特点是较能吸引眼球，增加曝光和流量。其可以细分为硬广文案和软广文案两种类型。传播文案有两个关键点，一是具有深度价值，二是具有传播因子。只有同时具备这两个因素，才能获得足够的曝光量。

【知识链接】

硬广告：也称硬广，我们在报纸、杂志、电视、广播这四大传统媒体上看到和听到的那些宣传产品的纯广告就是硬广告。

软广告：媒体刊登或广播的那些看起来像新闻而又不是新闻，广告不像广告的有偿形象稿件，以及企业各种类型的活动赞助被称为软广告。

（四）医药电商文案的传播渠道

1. 网络直播

网络直播是以主播讲解展示产品的内容为主，具有直观性强、互动性强、表现效果好等优势，能够让消费者更加全面地感受产品，认识产品，以刺激其消费欲望，从而实现产品推广的目的。

2. 微博文案

微博平台"短、平、快"的特点吸引了很多用户，而且发布内容的形式多种多样，既可以是图片、文字，也支持视频、动画等格式，不限时间、地点、数量，用户可以充分抒发自己的想法，极大地给予了用户自由。因此很多企业会通过微博平台进行营销推广。微博作为一个重要的营销阵地，粉丝量就是很好的宣传指标，所以微博内容更是关键，丰富有趣的同时要潜移默化地融入广告信息，能够让看到的人愿意自动地转发和关注，例如"布洛芬不接急单"，说的就是布洛芬发挥药效需要一定时间，应提前服用。

3. 微信文案

微信作为一种通信交流平台，也是最热门的网络营销推广平台之一。微信的特点是它与生活联系紧密，朋友圈中大部分是好友的关系，微信朋友圈中出现的广告文案，所有人都看得到，因此互为好友的消费者可以在下方的回复中进行互动，进行产品信息的讨论与传播，无形之中对产品就增加了一定的信任感。此外，还可以通过微信公众号来进行内容的分享，主要的方式是在保证文章质量的前提下，吸引更多人关注并进行转发。随着公众号关注的人数量的增加，公众号曝光量就会提升，从而吸引更多的人群关注该公众号，促成购买。

4. 电商网站文案

从某种意义上讲，医药电商已进入品牌驱动期，一些"头部"医药电商平台已先行布局。这类平台的文案主要以商品信息为主，内容的重点是介绍商品，不需要华丽的词语，而是要在有限的篇幅中，用好数字和节日等元素，将产品优势展示出来，帮助消费者快速、有效地选择更青睐的产品，最终促成交易。

二、医药电商文案写作技巧

（一）电商文案撰写常见问题

文案作为产品的宣传标识，好的文案能润物细无声地将广告信息植入其中，潜移默化地影响或者改变消费者的认知与习惯，引导消费者下单购买产品。想要写出优秀的文案，需要注意避免出现以下问题。

1. 主题不够突出

初学文案撰写时，往往注重词句的华丽，但很容易造成词语的堆砌，让人看完之后不知其意。这种类型的文案失败的原因在于"讲了和没讲一样"。例如，某保健食品主要成分包括无花果、干桃、杏仁等植物混合物，旨在"润肠通便"。它的宣传口号是："100%纯天然水果精华，净肠美容8小时见效；清补结合，清毒不蓄毒。"这虽然强调了产品的自然成分和效果，但将重点放在了清毒养颜上，而没有足够突出产品的差异化特点，使得消费者难以形成深刻的品牌印象。

2. 逻辑不够清晰

有时候一些文案所传递出的信息有些喧宾夺主，可能逻辑不够严谨，没有对产品进行充分的调研和审核，导致消费者看到这种文案，也会有很难相信的感觉，而逻辑清晰的文案会给消费者一定的心理暗示。例如仲景牌六味地黄丸的经典文案"药材好，药才好"，音同字不同，意思不同，朗朗上口，且具有极强的因果关系，强调所用药材严选，源头保证，给消费者一剂定心丸，要想疗效好，首先得药材好。

3. 标题晦涩难懂

产品的受众群体是普通大众，大家对大众领域的认知几乎维持在比较持平的水平，有些文案过于高深，使得消费者有较高的期待，当表达出来的价值与实际价值之间的落差过大，会给人一种违和感，让受众产生不匹配的观点，有可能导致不必要的纠纷。比如日常生活中常备的999感冒灵颗粒，一句"暖暖的，很贴心"，没有深刻的话术，却听起来让人感觉很温馨，将药品宣传从功能价值主张转向为情感价值主张，这句"暖暖的，很贴心"，传递了感冒灵颗粒剂型用水冲开后喝下去让人感到温暖的功能特性，更传递了三九品牌家庭常备用药的品牌理念。

4. 产品表述不到位

有些文案由于对产品描述不到位，让消费者看过之后觉得不知所云。一句"滋补三大宝，人参、鹿茸和阿胶"，既让阿胶价值回归，强调阿胶品类的高价值属性，由补血的定位改为主打滋补，后来又进一步改述为"滋补国宝，东阿阿胶"，强化滋补和品牌名。阿胶的涨价带来了自身的繁荣，也带火了整个品类，更盘活了整个生态链，这一点，东阿阿胶功不可没。

（二）电商文案的核心

文案的本质是营销中的非人员推销。因此在写文案之前，首先需要锁定目标群体，明确他们的需求，利用文字、图片或视频的方式传达出内心的感受，或者站在对方的角度思考，用积极的情绪来影响目标群体，让其对产品感兴趣，继而喜欢上这个产品，最后进行购买。

很多时候文案会从产品能解决的客户痛点切入。时事热点是文案主题的较好来源，比如：不同季节热门的时事、回忆童年的某个故事、辅导孩子学习的方法等。这些话题都可以作为文案的切入点。这样的话题贴近现实，更能增加受众的代入感。文案的话题可以来自书本、生活、工作、爱情、亲人、娱乐、新闻等途径。

> 【案例分析】
> 　　作为老字号的中药品牌同仁堂，是以品质取胜来传承的。怎么保证品质呢？要从药物道地和炮制上做好把关。同仁堂的第一代传人乐凤鸣提出"品味虽贵，必不敢减物力；炮制虽繁，必不敢省人工"的原则，并将其挂在药铺门口，是对过往行人的招揽宣传，也是对自身药品品质的要求，历久弥新，成就了同仁堂这一金字招牌。
> 　　问题：这段文字传递出哪些让人共鸣的情感？

三、医药电商文案推广应用

医药电商文案的目的是成功地销售产品，让消费者最终选择的是我们的产品。对于药品而言，数据非常重要，并且要充分具有可信度。同时要对目标人群进行探究，剖析对方心理，转换思维，站在对方角度思考问题，才可能赢得认可，化解质疑。

（一）医药电商文案的写作流程

1. 分析市场环境，进行市场调研

首先要把握用户心理，做好药品STP策略中的市场细分，找准目标人群，做好市场定位。

2. 了解产品，挖掘产品的突出特点

主要包括对产品信息和文案主题的提炼。对产品现有信息进行梳理时，可以从药品功能、特质、竞争对手以及包装等方面入手。对文案主题进行提炼，要使传递的信息具备靶向性、深刻性和鲜明的个性，要依据消费者的心理和行为习惯，自然地融入产品的信息，这样才能达到使消费者在信息爆炸时代注意到产品信息的目的。

3. 寻找激发消费者的共鸣点

明确该产品使用场景，给消费者充足选择机会，想象自己购买产品后的场景，从而引发正向的情绪，刺激其购买。

4. 多方讨论，反复修改

产品文案的核心是产品，围绕核心，清晰具体地传递出产品的优势，描绘出一个能打动消费者的购买理由，是产品文案的最终目的。并不是能表达就能写成文案，真正好的文案，需要反复打磨，反复修改，多方讨论，最终敲定。

（二）医药电商文案写作要点

1. 真实的数据

现在是数字化时代，文案中最好提供具体的数据支撑，注重细节的描述，这些会让文案显得真实而丰满。

2. 激发共鸣点

文案强调的是共情，只有充分调动消费者的情绪，让消费者身临其境地感受文案中的故事，才能激发他们的购买欲望。

3. 产品信息融入自然

采用自然的方式在文案中融入产品信息，不要引起消费者的反感，才能让消费者了解公司的产品。

 知识拓展

启达力荆防颗粒

启达力荆防颗粒是被广泛用于治疗普通感冒、流行性感冒的中成药，是老少皆宜、值得信赖的家庭常备药。启达力荆防颗粒不仅适用人群广，在临床上的适应证也广，除了用于治疗四季感冒，还对头痛、皮肤问题、乳腺结节、流行性腮腺炎等都有很好的疗效，应用广泛。

该药品采用"防治感冒，发发汗就好"这一宣传文案，符合中医对感冒等外感疾病的治疗原则。通过发汗，可以帮助排出体内的寒气或湿气，从而缓解感冒带来的不适。这一朗朗上口的宣传文案能够通过其独特的创意和吸引力，让消费者更容易记住并产生购买欲望。

 小结

1. 医药电商文案特征、文案写作及注意事项。
2. 医药电商文案如何推广应用。

单元二　医药电商爆款产品打造策略

【知识目标】

- 能正确理解爆款产品的定义与重要性。
- 能熟练掌握爆款产品打造策略。

【技能目标】

- 能熟练运用所学策略打造爆款产品。
- 能判断影响爆款产品打造的因素。

【素养目标】

- 培养独立创新的药品市场营销技能。
- 培养学生对药品市场营销的实践能力。

 知识导图

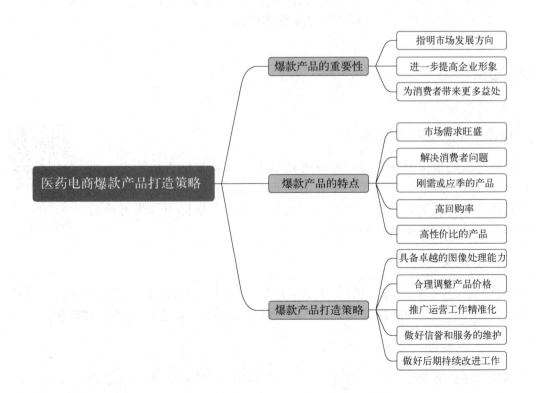

项目八　医药电商职业能力实践

课前案例导学

根据德琪医药（6996.HK）发布的2023年半年报，公司上半年实现收入7202万元，同比高增33.5%。其中，塞利尼索（商品名：希维奥）的销量增加是公司收入增长的主要原因。此外，公司多个在研管线均取得显著进展，截至2023年6月30日，公司研发投入达2.26亿元，同比增加26.0%。另外，公司现金及银行结余约为13.22亿元。按照公司研发投入情况来计算，即使没有外部注资，公司依然可以保障至少3年的研发运营。

在这个充满不确定性的大环境下，德琪医药凭借"差异化管线＋商业化拓展"双轮并重的驱动商业模式，取得了一系列里程碑式的进展，为未来公司创新药品商业化及差异化策略制定了清晰的成长路线。

希维奥作为德琪医药首个商业化药品，已在中国、澳大利亚、新加坡等6个亚太地区市场成功实现商业化，自2022年5月上市以来，其累计实现销售收入已超2.2亿元。作为全球唯一获得认可的XPO1抑制剂，其被用于治疗难治复发多发性骨髓瘤和难治复发弥漫性大B细胞淋巴瘤。鉴于目前中国尚无其他XPO1抑制剂获批上市，希维奥在国内的市场前景十分可观。

德琪医药还就希维奥国内商业化与翰森制药达成协议，旨在扩大希维奥的医院覆盖范围，进一步提高药物的可及性。

> **思考：**
> 案例中德琪医药的希维奥为什么会取得如此的成就呢？如果你是某医药企业的产品经理，你将如何打造爆款产品？

知识学习

一、爆款产品的定义与重要性

爆款产品的地位十分重要，它具有能够引领市场发展方向、进一步提升企业形象、给消费者带来更多优惠的重要性。有目标性地学习爆款产品打造策略，对于更好地营销药品、获得更多的市场份额、促进药品市场和制药公司的发展具有重要意义。

安全购药早知道（视频）

（一）定义

爆款产品是指单个产品或特定类型的产品，通过互联网或其他手段，获得超高的流量或人气，在短时间内火爆销售，获得较大的市场份额，产生巨大的销售额和利润。

（二）重要性

爆款产品作为营销手段、促销手段、潮流产品，带来的实际效益远远不止经济效益，这也是消费者选择爆款产品的原因。更多的消费者选择爆款产品，爆款产品的好口碑和高销量可以增加消费者对产品的信心，商家和企业也可以获得更多的利润。因此，爆款产品对于企业、商家和消费者来说尤为重要。

1. 指明市场发展方向

当前，市场已从卖方市场转变为买方市场，信息技术推动着社会经济的发展，各种电子商务平台已成为人们日常消费的主要方式。消费者之所以选择爆款产品，是因为它能解决用户的问题，美观、实用，比同类产品更具吸引力。爆款产品创造了新的价值，优化了客户体验，提高了行业效率，表达了品牌所传递的企业精神，适应了消费者的情感需求，为市场上同类产品的发展指明了方向。

2. 进一步提高企业形象

曾几何时，工业时代是以产品为体系，在市场上选定一个定位，就能打造出一个产品体系，但企业经历的周期很长，投入很高。如今，在互联网时代，一个产品可以实现打造一个体系，进而实现产品生态的发展。过去是品牌与产品挂钩，如今是产品与品牌挂钩。爆款产品成功后，因势利导，以这款爆款产品为龙头，通过进一步吸引粉丝，聚沙成塔，以点带面，促进其他产品的销售，甚至带动整个企业产品链的超常规推广，这也将成为一种流行的营销模式。

3. 为消费者带来更多益处

随着生活水平的提高，消费者的产品消费标准也在提高，更加注重产品是否缺乏想象力，能否日常使用，能否解决消费者的问题。随着消费者的消费频率越来越高，生产商需要提高想象力，创造出满足消费者无限想象的产品，大大提高产品成为好产品和成功产品的可能性。消费者希望在不同的产品中找到自己喜欢的东西，他们需要看到和想象一个具体的产品，而找到这个爆款产品不仅能引起消费者的极大兴趣，解决消费者的问题，带来物质和经济效益，还能倡导一种全新的购物理念。

【素养园地】

2022年8月，国家市场监督管理总局发布《药品网络销售监督管理办法》（以下简称"《办法》"），12月1日起正式实施。《办法》对药品网售的合规指引和要求更明确，同时也通过法规肯定了网售处方药的合法性。众所周知，医药电商是互联网医疗的重头戏，而处方药又是整个药品销售的重点。《办法》的出台既为医药电商的发展指明了方向，也反映出政策对整个行业发展的重视。而对头部平台而言，踏浪前行也成了一种发展共识。与此同时，这也拉开了行业监管趋严的大幕。《办法》发布后不久，国家药监局综合司便下发关于做好《药品网络销售监督管理办法》贯彻落实工作的通知。通知要求，各级监管部门要健全监管机制，采取常规检查、飞行检查、交叉检查等方式强化监管；同时要严查违法行为，针对第三方平台，要重点查处平台责任履行、经营行为管理等方面违法违规问题，针对药品网络销售企业，则要重点查处销售假劣药等问题。

医药是强监管行业，互联网医疗的相关政策一定越来越严格，合规是未来业务进行中需要认真对待的事情。而严格的监管政策，看似收紧，实际上通过明确路径，引导互联网医疗行业朝着更规范、健康的方向发展，这将有利于优秀、合规的企业发展，而不能跟上市场、政策的企业将逐步被淘汰。

> 【课堂活动】
> 分组讨论：如果你是某药企的工作人员，你将从哪些角度来提升企业的形象呢？

二、爆款产品的特点

1. 市场需求旺盛

所谓"爆"字，意味着爆款产品一定是适合大众消费、市场需求的大众化产品，是爆款产品畅销的原因。例如，疫情暴发初期，各类退烧药物、消毒产品、口罩等供不应求，甚至医药零售门店常出现抢购现象。这就是当时时代背景下市场需求旺盛的大众化产品。

2. 解决消费者问题的能力

成功的爆款产品可以依赖于产品能够解决消费者的痛点，能够帮助消费者解决疑难问题，比如某药膏含有中药成分，可在夏天用来清凉醒脑以及对付蚊虫叮咬，很好地解决了消费者的痛点，这就是一个成功的爆款产品。

3. 刚需或应季的产品

爆款产品是合理需求的产品，即应该是人人都需要的产品，是与生活密切相关的产品。有些爆款产品还是季节性产品，如夏天常备藿香正气水，冬天家中常备感冒清热颗粒。

4. 高回购率

爆款产品的再购买率非常高，即大多数为消耗品，几乎每天都要立即消费，因此需要再次购买。如果消费者购买的产品一年用不了几次，使用率太低，无法产生第二次购买，这样的产品肯定不是爆款产品。

5. 高性价比的产品

爆款产品之所以成为爆款，是因为不仅价格实惠，质量也实惠。爆款产品的价格一般在百元左右，并不算贵，很多消费者可能会冲动购买，尤其是在网购的时候。然而，一旦爆款产品出现，质量过硬的口碑也必须留下。如果爆款产品质量不好，负面评价多，爆款产品也就不复存在了。

三、爆款产品打造策略

1. 具备卓越的图像处理能力

图片是打造爆款产品最直接、最有效的方式。图片处理得好可以很好地展示产品特点，提高产品的感知价值，是打造爆款产品的最佳途径。现代、简洁、优雅的设计能增加消费者对产品的好感度。至于图片，则需要尽最大可能展示产品的特点，以吸引消费者的注意，但修图一定要恰到好处，不能过于注重装饰性，在消费者心中留下心理落差，影响产品在消费者心中的形象。

2. 合理调整产品价格

合理的价格是打造爆款产品的关键。爆款产品适合大众消费，价格一定要适中，可以参考竞品的价格，合理的让利对提高产品影响力是非常必要的。由于爆款产品属于走量产品，价格一定要有吸引力，这样才能更好地促使消费者购买。同时，要注意定价技巧，先制定一段时间的优惠价格，然后再恢复原价，让消费者觉得得到了实惠；采取尾数定价策略，如 99.9 元的价格比 100 元的价格更容易让人接受，这对打造爆款产品有重要作用。

3. 推广运营工作精准化

在大数据时代，酒香也怕巷子深。因此，需要在推广运营上多下功夫。经营者可以在电商平台上购买广告，总结广告时长和点击页面位置，实现精准广告投放。促销活动也可以增加消费者发现相关产品的频率，是提高产品人气的最常用方法。可使用网络直通车，建立合适的关键词选择机制，增加选词索引，优化网络内容，调试网络图片，根据店铺的经营状况和经济稳定性选择合适的促销方式，增加产品点击量，提高热销产品的人气。

运营的定义和核心任务是什么？（文本）

4. 做好信誉和服务的维护

所有爆款产品的打造都与口碑和服务质量密不可分。店铺的良好声誉、对咨询的快速反应、高效的物流和为消费者提供满意购物体验的客户服务，都是打造爆款产品的极大优势。在销售过程中，众口难调，难免会出现中差评。不怕中差评，就怕不处理，对中差评一定要第一时间与消费者进行良好沟通，积极地进行处理，消除中差评，维护好店铺的信誉度。

5. 做好后期持续改进工作

让产品进入热销行列成为爆款产品是一个漫长的过程，因此让产品保持在热销行列的工作是持续不断的。产品销量增长后，各项指数基本趋于稳定，这时就需要对销售状态做一个综合分析，确定是进一步发展销售，还是稳扎稳打，维持现状，要根据各种全局性因素综合考虑。无论如何，爆款产品来之不易，质量控制、页面布局、包装策划、资金投入、宣传力度、促销活动等每一个环节都要持续改进，将爆款产品进行到底。

 知识拓展

你知道跨境电商零售进口药品试点电商企业要有什么吗？
① 具备企业法人资格，在经开综保区（A 区）内注册（备案）；
② 具备药品经营许可证；
③ 按照跨境电商零售进口相关规定，完成海关备案；
④ 按照药品试点要求，完成药监部门、海关部门企业信息和进口药品备案；
⑤ 符合《药品管理法》《药品经营质量管理规范》相关法律法规要求；
⑥ 建立药品信息化追溯系统和制定追溯制度。

 小结

1. 爆款产品具有能够引领市场发展方向、进一步提升企业形象、给消费者带来更多优惠的重要性。

2. 爆款产品具有市场需求量大、能够解决消费者痛点、刚需或应季产品等特点。

3. 可以通过做好产品图片处理、合理设置产品价格等策略来打造爆款产品。

 牛刀小试

一、选择题

（一）单选题

1. 文案提炼产品卖点的三个角度不包括（　　）。
   A. 围绕产品特征提炼卖点　　　　B. 围绕产品利益提炼卖点
   C. 围绕产品市场提炼卖点　　　　D. 围绕产品前后端提炼卖点
2. 增强品牌故事可读性的方法不包括（　　）。
   A. 提供一个新颖的故事，让自己的品牌故事不落俗套、充满创意
   B. 故事丰满，人物形象立体，情感叙述能够深入人心，引起读者的共鸣
   C. 语言尽量简单、通俗易懂，让受众能够快速明白所讲述的内容
   D. 要尽量多地加入一些专业和技术性词汇，体现语言的专业性
3. 软文的写作特点不包括（　　）。
   A. 短小精悍　　　B. 主体明确　　　C. 快速传播　　　D. 形式多样
4. 医药电商文案的特征不包括（　　）。
   A. 医药类产品专业性要求高　　　B. 突出药品的疗效、治愈率
   C. 药品广告法限制较多　　　　　D. 药品同质化竞争激烈
5. 常见软文类型不包括（　　）。
   A. 访谈型　　　B. 名人型　　　C. 新闻型　　　D. 图片型

（二）多选题

1. 标题的功能有（　　）。
   A. 吸引注意力　　B. 筛选受众　　C. 传达完整信息　　D. 引导阅读正文
2. 医药电商文案分为（　　）。
   A. 产品文案　　B. 品牌背书文案　　C. 传播文案　　D. 销售文案
3. 文案常见载体包括（　　）。
   A. 微博文案　　B. 电商文案　　C. 电商网站文案　　D. 知乎文案
4. 文案写作时的要点有（　　）。
   A. 具体的数据　　　　　　　　B. 情绪的调动
   C. 产品信息植入　　　　　　　D. 重点夸赞产品功效
5. 电商文案撰写注意事项包括（　　）。

A. 不可不知所云   B. 避免夸大其词   C. 不可隔靴搔痒   D. 注意实事求是

二、简答题

1. 简述医药电商文案写作注意事项。
2. 简述医药电商文案写作流程。
3. 解释 FABE 法则的含义。
4. 进行医药电商文案写作需要具备哪些知识？
5. 简述医药电商文案本质。
6. 爆款产品的定义是什么？
7. 爆款产品的重要性是什么？
8. 爆款产品的特点有哪些？
9. 爆款产品打造策略有哪些？
10. 怎么做好推广运营的工作？

三、案例分析题

京东一直以来都注重文案的制作，在文案中大量使用了数据和图表来说明商品的优势和性能。其文案营销非常注重品牌形象和品质，通过严谨的语言和精美的排版，展现了京东的专业水平和品质保证。同时，京东在制作商品详情页时，会使用清晰的图片和详细的文字说明，让消费者更加全面地了解商品的性能和特点。京东还会在页面中加入大量的用户评价和追评，让消费者更加信任商品的质量。

拼多多主要特点是以低价和团购为主要卖点。拼多多在营销上非常注重文案的制作，通过短小精悍的文字和生动形象的图片，吸引了大量消费者的目光。拼多多在打造商品页面时，采用了一种像微信聊天记录的形式，让消费者感觉像是在和朋友聊天一样。这种形式既贴近消费者的生活，又增加了商品的亲和力。

网易严选在文案营销方面，注重情感营销和品质保证，通过精心制作的文案，让消费者感受到品牌的温情和品质保证。其营销文案中，经常使用包装精美、礼品款式独特的语言，让消费者感受到品牌对产品的用心。同时，网易严选还会在文案中加入一些富有情感的故事和图片，让消费者更好地了解品牌的文化和特点。

问题：

仔细阅读以上案例，从中可以发现哪些利于医药电商文案写作推广的因素？

牛刀小试答案

单元实训　撰写医药电商文案

一、实训目的

通过进行医药电商文案写作理论的学习，在初步了解写作流程及注意事项的前提下，利用实训操作，选定一款药品，通过查阅资料，进行医药电商文案的真实写作，培养学生严谨细致的医药电商文案写作态度。

二、实训准备

（一）实训分组

4～5人一组，确定组长，实行组长负责制。

（二）实训材料

教师提前打印好背景材料，每组派一人领取材料。

（三）背景资料

医药电商文案作为新型线上促销方式，在一定程度上弥补了传统文案的不足，其应用在线上的营销环境中，使产品信息的传递更加迅速、有效。由于药品的特殊性，其医药电商文案的发展受到多重制度的限制，但产品需要发展，需要被大众了解，所以，医药电商文案的书写变得尤为重要。实训中共给出四款药品：布洛芬缓释胶囊、硝酸甘油舌下片、金鸣片、连花清瘟颗粒。请同学们通过抽签选择一款药品，进行小组讨论后，写出一份医药电商文案，最后全班投票表决出最佳文案。

三、实训流程

（一）小组自主探究

各小组进行抽签，针对抽到的背景材料进行自主探究。

（二）教师巡回辅导

教师针对各小组的困惑，提出解决措施。对于共性问题，实施集中讲解。

（三）分析报告撰写

各小组将实训活动得出的结果整理成纸质报告，条理清晰地列出药品的相关介绍。

（四）课上成果汇报

各小组针对实训活动的内容和结论进行课堂PPT汇报，并通过教师点评和小组互评进行评分。

（五）课后实训总结

针对本次实训内容进行总结，梳理相关材料，形成实训任务书。

四、实训评价

实训评价采用过程与结果相结合的形式，考核内容如表3.8.1所示。

表 3.8.1 实训评价表

组成	指标	内容	分值/分	得分/分
过程考核(50 分)	实训纪律	严格遵守实训课堂规章制度,不迟到早退	10	
	团队合作	与小组组员共同研究、探讨,完成实训任务	20	
	实训态度	积极主动参与到课堂实训中来,能够听取同学和老师的建议	20	
结果考核(50 分)	分析结果	能够利用课堂学习到的医药电商文案写作技巧,从故事、品牌、定位等多方面突出药品的优势,文案新颖,吸人眼球,内涵深刻	25	
	成果汇报	汇报内容全面、准确,思路清晰,表达流利	25	

参 考 文 献

［1］ 国家药品监督管理局. "食品级"化妆品是对消费者的误导［EB/OL］.（2021-10-18）.
［2］ 国家市场监督管理总局. 药品网络销售监督管理办法［EB/OL］.（2022-08-03）.
［3］ 徐伟. 感毒清颗粒治疗急性上呼吸道感染（气虚邪犯证）的疗效及对细胞因子 IFN-γ，IL-2 的影响的临床研究［D］. 成都：成都中医药大学，2013.
［4］ 张驰，麦迪娜依·阿合买提. 文化强国视域下中医药老字号的国际传播研究——以同仁堂为例［J］. 公共外交季刊，2022（2）：23-31.
［5］ 国家药品监督管理局. 国家药监局公布 5 起药品安全专项整治典型案例［EB/OL］.（2022-04-20）.
［6］ 国家统计局. 人口总量略有下降，城镇化水平继续提高［EB/OL］.（2023-01-18）.
［7］ 国家市场监督管理总局. 药品经营质量管理规范［EB/OL］.（2015-06-25）.